Guillaume Long

Nicht ohne meine Schürze

Vom Essen und Trinken

Farben von Céline Badaroux Denizon
und Guillaume Long

Aus dem Französischen von
Hans Kantereit

Dieses Buch ist all jenen gewidmet, die ich mit missglückten Rezepten an den Rand des Nervenzusammenbruchs gebracht habe.

G. L.

Die Strips von Pépé Roni sind das Werk des Künstlers Mathias Martin und erschienen im Original in der Zeitschrift *French Cuisine*.

Dank an Capucine (Seiten 108 und 109) sowie an Dominique Goblet und Nancy Peña (Seite 28) für die sehr schönen Zeichnungen und an Olivier Merlin für den Untertitel des Originals.

CARLSEN COMICS NEWS
Jeden Monat neu per E-Mail
www.carlsencomics.de
www.carlsen.de
Unsere Bücher gibt es überall im Buchhandel auf carlsen.de.

© Carlsen Verlag GmbH • Hamburg 2014
Aus dem Französischen von Hans Kantereit
À boir et à manger – Les pieds dans le plat
© Gallimard, 2012
Redaktion: Sabine Witkowski
Textbearbeitung: Steffen Haubner
Satz und Bildbearbeitung: Minou Zaribaf
Handlettering: Olav Korth
Herstellung: Karen Kollmetz
Druck und buchbinderische Verarbeitung: Livonia print, Riga
Alle Rechte vorbehalten
ISBN 978-3-551-78589-3
Printed in Latvia

Vorwort

Inhalt

Einführung 3
Vorwort 7
Gebrauchsanleitung 10

Frühling 11
   Friedliches Frühstück 13
   Ein Frühlingsrezept 14
   Eine AMAP 16
   Geburt eines Raubtiers 17
   Was macht man mit Spinat? 18
   Kaninchenalarm 19
   Besuch bei meiner Freundin Arlène 20
   Ein vergessenes Gemüse 21

Das Stockholmer Heft 23

Sommer 41
   Ein Sommerregen 43
   Pesto alla Genovese 45
   Die Wurzel des Übels 46
   Ein abscheulicher Fisch 50
   Weich und rosa 52
   Kirschenalarm 54
   Ein fünfundzwanzig Jahre alter Gimmick 56
   Was, mein Rezept gefällt dir nicht? 58

La Franche 61

Herbst	69
Jabba, der Kürbis	71
Der Magen im Federbett	73
Rezept per Telefon	74
Jean-Kevin und das B.K.C.	76
Tutanchquakquak	83
Risotto à la Butternut	84
Ein Tag im Radio	87
Winter	95
Ein Kaffee in Paris	97
Reden wir über Puxisardinophilie	98
Für Große verboten	100
Oyster Cult	104
Weihnachten bei Mama	108
Ein Abend mit Mont-d´Or	110
Foie gras mi-cuit mit grobem Salz	111
Überleben auf den Antillen	114
Damit macht´s einfach Spaß	117
Rezepte	123
Index	124
Danke	126
Einige Ideen … (herausnehmbare Karte)	127

GEBRAUCHSANLEITUNG

 Level 1: Rezepte, die keine besonderen Kochkenntnisse erfordern, schnell fertig und ohne Kocherei

 Level 2: Mehr oder weniger komplizierte Rezepte, die ein wenig Zeit und Kocherei brauchen

 Level 3: Rezepte, deren Realisierung sehr kompliziert ist (teilweise auch einfach ein Witz)

 Egotrips: Geschichten, die meine Wenigkeit ein wenig in Szene setzen

 Restaurant: Chronik meiner Mahlzeiten an Orten, die ich mag

 Bestandsaufnahme: Mehr oder weniger nützliche Listen für Feinschmecker

 Joël Reblochon: Geschichten aus der Küche und Tricks, präsentiert von Joël Reblochon

 Neuer Freund: Ein bisschen Küchenzeug, kommentiert von meinem Freund Florian

 Happa-Happa: Alles, was nicht in die anderen Kategorien des Buches gepasst hat

Frühling

Friedliches Frühstück

Es ist jeden Morgen eine schlimme Prüfung: aufwachen und aus dem schönen, warmen Bett kommen.

Aber die wahre Herausforderung ist, meine Pinsel nicht mit der Katze zu verwechseln.

Ein Frühlingsrezept

Ein Frühlingsrezept

③ GIESSEN SIE DIE HEISSE BRÜHE NACH UND NACH ZUM REIS, BIS ER SIE AUFGESAUGT HAT, UND WIEDERHOLEN SIE DEN VORGANG, BIS DER REIS NACH ETWA ZWANZIG BIS FÜNFUNDZWANZIG MINUTEN GAR IST.

WÄHRENDDESSEN SCHNEIDEN SIE DEN SPARGEL IN STÜCKE UND BEHALTEN SIE DIE HÜBSCHEN KÖPFE ZURÜCK (ANDERENFALLS HIESSE DAS REZEPT NICHT SO, WIE ES HEISST).

Ah, die schönen Köpfe

④ GEBEN SIE DIE SPARGELSTÜCKE ZUM REIS. EILE IST NICHT GEBOTEN, ÜBER DEN DAUMEN GERECHNET MÜSSEN SIE ZEHN BIS FÜNFZEHN MINUTEN KOCHEN...

(SALZEN UND PFEFFERN)

... UND SIE MÜSSEN ERST MIT DEM REIS GAR SEIN.

OKAY, ABER WAS IST JETZT MIT DEN SPARGELKÖPFEN?

TICTACTICTACTICTAC

⑤ SETZT ERHITZEN SIE ETWAS OLIVENÖL IN EINER PFANNE UND BRATEN DIE SPARGELKÖPFE FÜNF BIS ZEHN MINUTEN AUF GROSSER FLAMME (SIE SOLLTEN KNACKIG BLEIBEN).

RSCHRTRRTCH
SALZ
PFEFFER

HOBELN SIE DEN PARMESAN IN STÜCKE, NUR MUT, GLEICH IST ALLES FERTIG!

⑥ GEBEN SIE DAS FERTIGE RISOTTO AUF EINEN TELLER (ES SOLLTE NOCH FEST, ABER AUCH FLÜSSIG SEIN, SCHLIMMSTENFALLS GEBEN SIE VOR DEM SERVIEREN EINE KELLE VON DER BRÜHE DAZU), DANN DIE GEBRATENEN SPARGELKÖPFE SOWIE DEN PARMESAN UND SCHMECKEN SIE ALLES AB.

NORMALERWEISE: SAULECKER!

SCHNIEF
GUDN DABEDIT

xyzall

lon.

Die guten Tipps von Pépé Roni: Biberschwanz — n° 547

Verwechsle nie »Biberschwanz« ... mit »Biberschwanz«

RETTET UNSERE FLUSSUFER!! / ESST BIBER!!

WEIL SICH JEDER MAL IRREN KANN!

Biberschwanz: Seiner Form geschuldete französische Bezeichnung für einen klassischen Sparschäler.

 Eine AMAP

Der neue Freund ⑤

Geburt eines Raubtiers

 Besuch bei meiner Freundin Arlène

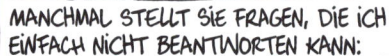

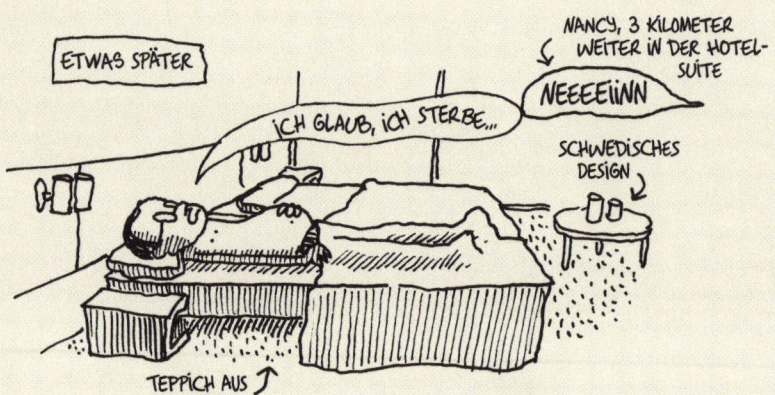

TAG 3

Stockholm

ZUM FRÜHSTÜCK GIBT ES DUNKLES KNÄCKEBROT, RÄUCHERLACHS, HERING MIT WACHOLDERBEEREN UND EINE ART KAVIAR, DEN MAN AUS DEN CREVETTEN HERAUSGEPRESST HAT.

Frühstück eingenommen mit Dominique Goblet und Nancy Peña

Zum Frühstück möchte ich eigentlich nur etwas Schwarzbrot

Aber da bin ich nicht die Einzige.

"TUSAN OCKSÅ!*"

*Donnerwetter

WIE IN DIESER ART VON HOTELS ÜBLICH (VERGL. BUDAPEST, BAND 1) NEHME ICH EIN MORDSFRÜHSTÜCK:

KIWI · KAFFEE · ORANGENSAFT · MÜSLI · WASA · RÜHREIER MIT BACON · CROISSANT · MARMELADENTOAST

WENN ICH AUF COMICFESTIVALS ODER SONST WO MIT ANDEREN COMICAUTOREN ZUSAMMEN BIN, REDE ICH GERN ÜBER DIESES UND JENES, ABER NICHT ÜBER DIE ARBEIT. MIT DOMINIQUE BIN ICH DA AN DIE RICHTIGE GERATEN:

"UND LAPPLAND ERST! DA ZIEHST DU MIT DEINEN HUNDEN LOS UND ANGELST RIESIGE KABELJAUS... HHHM... SCHMATZ! BLABLABLABLA WÄLDER PILZE MANN!"

"ECHT"

"EIN RENTIERFELL 20 EURO"

"DA GIBT'S EINEN WIKINGER, DER HAT 'NE JUGENDHERBERGE"

ABER ZUM GLÜCK GAB ES DIESES FRÜHSTÜCK, WEIL NANCY AUF REISEN IMMER MILLIONEN VON SACHEN BESICHTIGEN WILL, WAS FATALERWEISE IMMER WIEDER ZU UNGLAUBLICHEN SITUATIONEN FÜHRT:

"DU WEISST GENAU, DASS ES FÜR MICH DIE HÖLLE IST, KEIN MITTAGESSEN ZU BEKOMMEN!! WIR VERHUNGERN! ICH VERLIERE MEINEN GESCHMACKSSINN!"

"BITTE?! ES IST HALB EINS! WENN DU DAS PROGRAMM MACHEN WÜRDEST, WÜRDEN WIR DIE FERIEN IN FEINKOSTLÄDEN UND RESTAURANTS VERBRINGEN"

ODER IM AQUARIUM

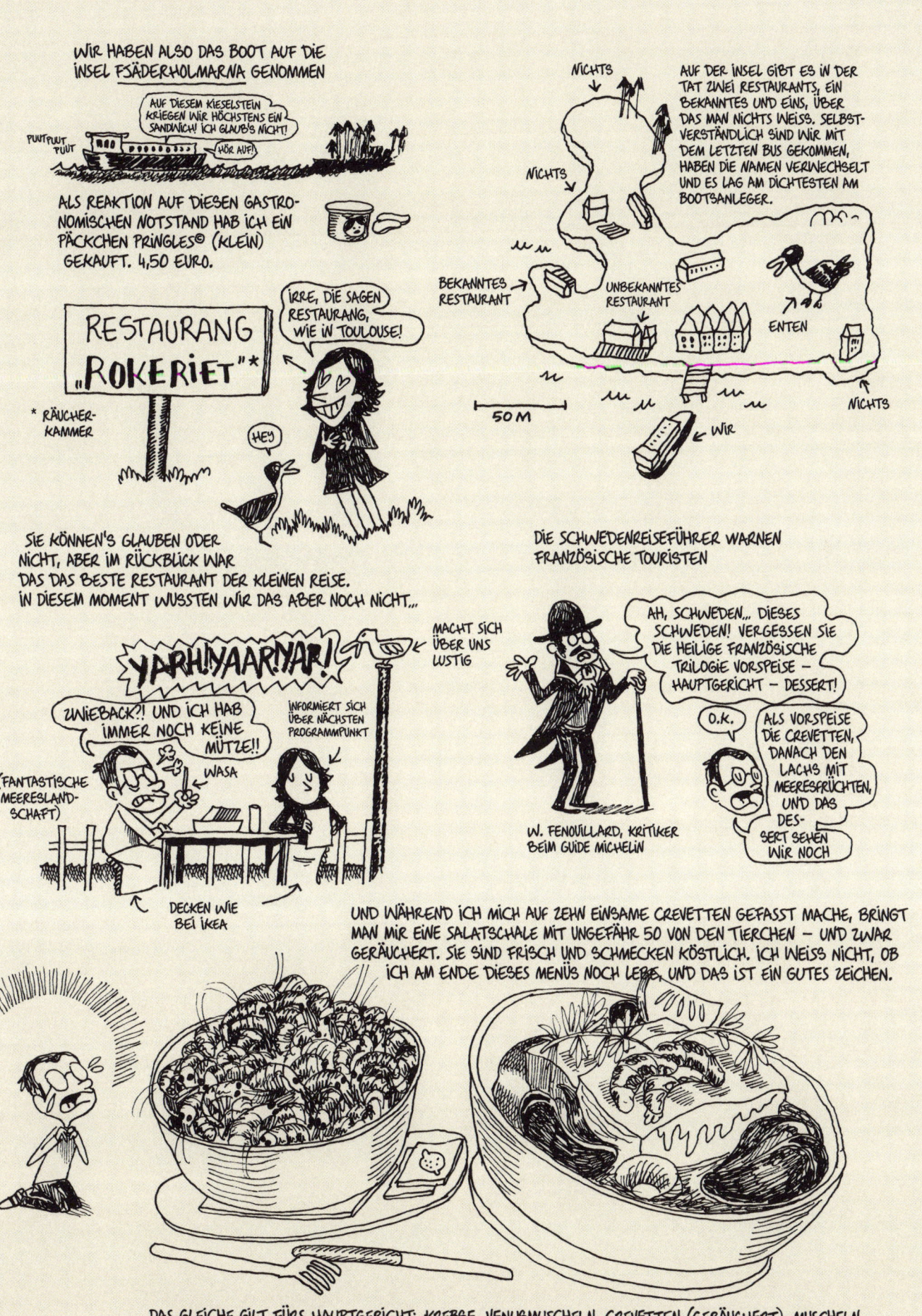

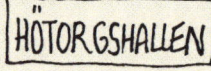

WENN ICH IM BISTRO SITZE, TRINKE ICH GANZ GERN EINE COLA.

ICH STEHE NICHT WIRKLICH AUF COLA, ABER ICH MAG, WIE SIE PRITZELT UND DASS SIE KALT IST.

Hey, ich könnte das Beste aus meiner Freizeit machen und mir was bei Burger King reinpfeifen!

(ANGIL & HIDDENTRACKS THE AND)

ICH KÖNNTE AUCH EIN PERRIER TRINKEN, ABER ICH BIN SCHLIESSLICH NOCH KEINE 55.

ABER...

'ssen hierlos?

JUSTIN JUSTIN JUSTIN JUSTIN
JUSTIN BIEBER
JUSTIN COME TO SWEDEN
JUST SWED IS W 4 U
BIEBS TO SWEDEN
JUSTIN JUSTIN

ABER MEINE PLÄNE WERDEN VON EINER PRO-JUSTIN-BIEBER-DEMO DURCHKREUZT. OFFENBAR HAT ER NOCH NIE IN SCHWEDEN „GESUNGEN" UND MAN WARTET AUF IHN.

Sorry für deinen Burger, King, man!

♪ and just shake me till you wake me from this bad dream ♪

UND SIE WARTEN, INDEM SIE VOR DEM BURGER KING HERUMJOHLEN. ES SIND MINDESTENS 500, UND SELBST WENN ICH AN IHNEN VORBEIKÄME, WÜRDE ICH WEGEN DES GEJOHLES MITTENDRIN AN EINEM EPILEPTISCHEN ANFALL STERBEN.

Burger King, ich schwöre, dass ich dich noch einmal esse

und wenn ich da für nach Amerika fahren muss

Im Prinzip ist Stockholm wie Genf, nur viel weiter nördlich.

MITTAG
Also Richtung Japaner in den Hötorgshallen. Genau neben einem Fischladen (geniale Idee) und angrenzend an das Restaurant mit der Fischsuppe:

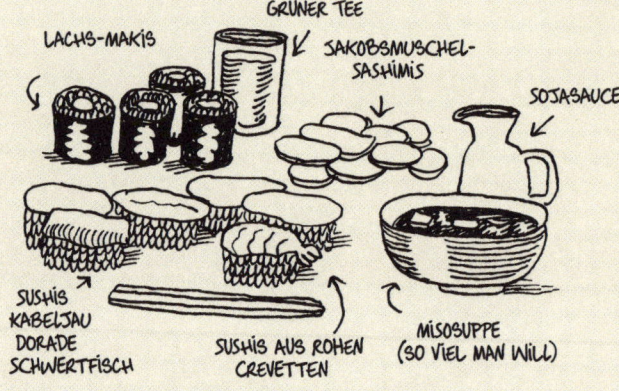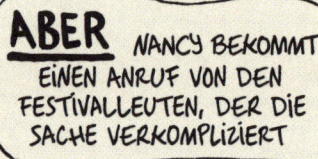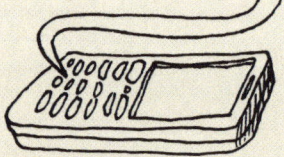

Jiiipppiiii!!!!

DER TANZ DES BURGER KING

ICH MACH MICH ALSO AUF DEN WEG ZUM **BURGER KING** IN DER NÄHE DES HOTELS. WIRKLICH HUNGER HAB ICH NICHT, ABER DA ICH DAS RESTAURANT VON HEUTE ABEND NICHT KENNE, KANN'S NICHT SCHADEN, SCHON MAL WAS ZU ESSEN.

ABER ALS ICH VOR DEM FAST-FOOD-LADEN ANKOMME, IST DRIN ALLES DUNKEL UND AN DER TÜR HÄNGT DIESES KLEINE SCHILD:

STÄNGT (LEDSEN!)

GESCHLOSSEN. IT'S OVER. ICH BIN ERLEDIGT. ICH WERDE NICHT BEI BURGER KING ESSEN. VIELLEICHT NIE WIEDER. MIR IST KALT. ICH BIN ALLEIN IN DIESER STADT, DIE WIE GENF IST, NUR WEITER NÖRDLICH. UND OHNE BURGER KING.

NEIN ICH KANN NICHT

"Uuuh..."
"PFFT! BÄCH"

Am Nachmittag irre ich traurig durch die Strassen von Stockholm. Ich kaufe haltbares Essen, um es mit nach Hause zu nehmen:

- Rentierbraten
- Sardinen
- Rollmops in Gläsern
- Frischer Räucherlachs
- Knäckebrot (Wasa)
- Halloumi-Käse

"Ich kaufe auch ein Rentierfell"
"Da hat mich die Goblet neulich drauf gebracht."
"Wenn ich nicht essen kann, was ich möchte, werd ich seltsam und bin schlecht drauf."

Am Abend: Ich treffe Nancy und die Leute vom Festival im Restaurant

SNF SNF
"Du riechst so komisch. Wo warst du denn heute Nachmittag?"
"PFFFF!"
"Als hättest du eine Mülltonne geküsst... SACH MAAAL!"

Das Restaurant ist wie erwartet nicht sehr gut.

BLÅ DÖRREN KROG

Am Tisch mir gegenüber sitzt dieser Typ... Thierry Groensteen, ein Comic-Urgestein. Er ist Redakteur bei Actes Sud und hat ziemlich viel Ahnung. Plötzlich nimmt er mein Reiseskizzenbuch und sagt:

"Ooh... Da geht's ja ums Essen und ums Trinken!"
"Ich hab noch nie was von dir gesehen, obwohl ich mich mit Comics auskenne!"
"Also wirklich!"
"Komm ich auch in dein Heft?"
"Hä? Hä?"

TAG 6
(ZU) FRÜH AM MORGEN
hu?
NT NT NT
...
FERTIG ZUR ABREISE?
FFFSHHHH
DAS FLUGZEUG STARTET UM 7:45 UHR. WIR VERLASSEN SCHWEDEN. HABEN WIR HIER GUT GEGESSEN? ABER SICHER. UND WAR ES BESSER ALS IN DER CAFETERIA VON IKEA©? OHNE JEDEN ZWEIFEL. UND BIN ICH MIT DER BURGER-KING-SACHE DURCH? NEIN. ICH KOMME WIEDER.
Mit deinem Pelz lassen sie dich nicht rein
Rentierfell
Und dein Ding da, das darf auch nicht in die Kabine
Krieg ich schon hin.
SCHLIESSLICH HAB ICH DAS RENTIERFELL ALS GEPÄCK AUFGEGEBEN UND DEN ROLLMOPS AUCH
SIE GLAUBEN, ICH ENTFÜHRE FLUGZEUG MIT ROLLMOPS?*
BIIP
BIIP
WAS PIEPEN HIER?*
MEIN SCHNEEHUT AUCH NICHT FLUGZEUG?*
Was riecht hier nur so komisch?
Was?
NICHTS!
lon.

Die guten Tipps von Pépé Roni: Reduzieren — n° 463

Verwechsle nie »reduzieren« … und »reduzieren«

„WEIL SICH JEDER MAL IRREN KANN!"

Reduzieren: Längere Zeit köcheln lassen, damit das Gekochte konzentrierter wird.

Sommer

Ein Sommerregen

Es gibt Tage, da muss man es sich einfach einfach machen. Eine Forelle ist doch einfach, oder? Kaufen Sie sie ausgenommen und geputzt, vorzugsweise eine Bachforelle, da eine Regenbogenforelle, wie der Name so gar nicht sagt, von extrem traurigem Geschmack ist.

Füllen Sie den Fisch mit einem Zweig Rosmarin (oder Thymian oder Salbei) wie hier:

Schalten Sie den Grill Ihres Backofens ein. Während er vorheizt, befassen Sie sich mit dem Fenchel:

OLIVENÖL

(DREI MINUTEN BEI GROSSER FLAMME UND IMMER EIN BISSCHEN UMRÜHREN)

Ein Sommerregen

DEN FENCHEL BEI KLEINER HITZE GAREN, DANN DIE FORELLE FÜR DEN GRILL VORBEREITEN:

① EIN WENIG OLIVENÖL

② SALZ + PFEFFER

③ DAS GLEICHE AUF DER ANDEREN SEITE, DANN LEGEN SIE DIE FORELLE AUF EIN BLATT ALUFOLIE UND SCHIEBEN SIE UNTER DEN GRILL.

WARTEN SIE EIN PAAR MINUTEN... DIE HAUT SOLL GUT GEGRILLT SEIN UND KEINE BLASEN ZEIGEN (WAS ABER AUCH NICHT SCHLIMM IST)

DREHEN SIE DIE FORELLE (NICHT UM SICH SELBST, SONDERN AUF DIE ANDERE SEITE) – VORSICHT, MANCHMAL BLEIBT DER SCHWANZ KLEBEN – UND GEBEN SIE SIE WIEDER UNTER DEN GRILL.

WENN DIE FORELLE AUCH AUF DER ANDEREN SEITE GUT GEGRILLT IST, IST SIE FERTIG. OB SIE DURCH IST, MUSS NICHT GEPRÜFT WERDEN. SALZEN UND PFEFFERN SIE DEN FENCHEL UND SERVIEREN SIE BEIDES ZUSAMMEN:

NACH UND NACH NORMALISIERT SICH DIE SITUATION WIEDER.

FALLS DOCH NOCH EIN PAAR TROPFEN FALLEN, BEENDEN SIE IHRE MAHLZEIT MIT EINEM STARKEN KAFFEE.

RFLLZZZ
RFLZZZ
BiLiBiLi BiLiBi
Mhn schaißmhn
DER NEUE FREUND 7
Mpfl
H-A-L-L-O?
Noch geschlafen?
N... Nein... Es ist Mittag, ich bin doch kein Künstler
WE MUST TALK.
I... In english?
Nein, wie du willst. SWIMMING-POOL. NOW.
Natürlich hast du geschlafen. Du hast noch den Abdruck vom Kissen auf der Backe
Okay, geht's los?
Worüber wolltest du mit mir reden?
Achte auf die Straße!
Ich hab das über das Lauch-Maki gelesen.
Auf deinem Blog.
Aha! Hat's dir gefallen?
NEIN
Ach, egal.
Es geht um dein Pesto... Du kannst bei so einem Rezept keine ungefähren Mengenangaben machen! Willst du, dass die Camorra dir die Birne wegbläst?!
Bist du Italiener?
Nein, aber das ist egal!
Ich geb dir mal das richtige Rezept. Schreibst du mit?
Im Geiste
Besser ist's.
Platsch Platsch
FÜR EIN PESTO alla genovese BRAUCHT MAN:
Olivenöl
Basilikum
Parmesan
Pecorino
Grobes Salz
Knoblauch
Pinienkerne
1 FÜR EINE ORDENTLICHE PORTION PESTO (HÄLT SICH, DAZU SPÄTER MEHR) MUSST DU DIE BLÄTTER VON ZWEI BUND BASILIKUM ZUPFEN UND MIT DER HAND ZERKLEINERN:
UM ZU VERHINDERN, DASS DIE BLÄTTER SCHWARZ WERDEN, UND DAMIT SICH DIE AROMEN BESSER ENTWICKELN KÖNNEN. WENN DU KLEINBLÄTTRIGES BASILIKUM VERARBEITEST, IST ES NICHT NOTWENDIG, DIE BLÄTTER ZU ZERKLEINERN.
Große Blätter
Kleine Blätter
2 IN EINEM MÖRSER (DAS HAT IMMER NOCH MIT DER ENTWICKLUNG DER AROMEN ZU TUN) ZERSTAMPFST DU DIE BLÄTTER MIT ETWAS GROBEM SALZ:
BIS DU EINE KRÄFTIGE GRÜNE PAMPE HAST.
DANN GIBST DU EIN ODER ZWEI KNOBLAUCHZEHEN DAZU (ENTFERNE DEN KEIM), AUSSERDEM GIBST DU NOCH 15 GRAMM PINIENKERNE* IN DIE MISCHUNG.
UND NOCH MAL MÖRSERN.
3 SCHLIESSLICH GIBST DU 30 GRAMM GERIEBENEN PECORINO ODER PARMESAN (ODER BEIDES) SOWIE OLIVENÖL (NACH AUGENMASS) DAZU UND VERMENGST ALLES EIN LETZTES MAL:
DAS IST ALLES. EINFACH, ODER? DU KANNST DEIN PESTO KÜHL LAGERN UND NACH GEBRAUCH IMMER WIEDER EINEN DÜNNEN FILM OLIVENÖL DARAUFTRÄUFELN, UM ZU VERHINDERN, DASS ES SCHWARZ WIRD:
Oder du kannst es in einer Eiswürfelform einfrieren und einen Würfel davon in deinen warmen Nudeln schmelzen lassen, wenn dir das gefällt!
Woohaa... Und warum macht man das nicht alles im Mixer?
Gab es etwa Mixer zu der Zeit, als das Pesto erfunden wurde?
Und ausatmen
Pah! Als die Tütensuppe erfunden wurde, gab's auch noch keine Mikrowelle!
Oder?
Pah! Ich sagte doch
BRUMM
Du magst keine Tüten
SE VUOI VIVERE, NON TI MISCHIO DELLE TROPPE COSE.
* AUS FRANKREICH, SIEHE »KANN DENN KOCHEN SÜNDE SEIN?«
lon.

Die Wurzel des Übels

HHM... SIE MEINEN ALSO, DASS WIR IN DER LAGE SIND, DIE WURZEL DIESES „ÜBELS", WIE SIE ES NENNEN, ZU FINDEN?

JA, ICH ERINNERE MICH GUT...

ES WAR IN DIESEM SAGENHAFTEN SOMMER 1985, ICH MACHTE FERIEN MIT MEINEN COUSINS... PLÖTZLICH WAR DA DIESE MÜNZE.

EINE MÜNZE?

JA, EIN GELDSTÜCK.

ES WAR ALSO EIN GELDSTÜCK, DAS...

NEIN, DIE KONSEQUENZEN.

DAS HEISST?

DAS ÜBEL KAM MIT DIESEM GELDSTÜCK.

GUT... REDEN SIE WEITER.

ALSO... SO VIEL GELD AUF EINEN SCHLAG. ZU DER ZEIT WAREN 50 CENTIMES EINE MENGE GELD... DIESES GELDSTÜCK HAT UNS UNFASSBARE PERSPEKTIVEN ERÖFFNET!

MEIN ERSTER LEBENSMITTELEINKAUF... EIN BONBON KOSTETE 10 CENTIMES, STELLEN SIE SICH VOR: DAS IST, ALS WÜRDE MAN MICH HEUTE MIT 500 EURO IN DER BOQUERIA* AUSSETZEN...

* RIESIGE MARKTHALLE IN BARCELONA

AH... DIE BONBONS! DARAN ERINNERT MAN SICH EWIG!

JA, DIE KINDHEIT...

UND WIE VIELE HABEN SIE GEKAUFT?

ACH JE, ICH...

Die Wurzel des Übels

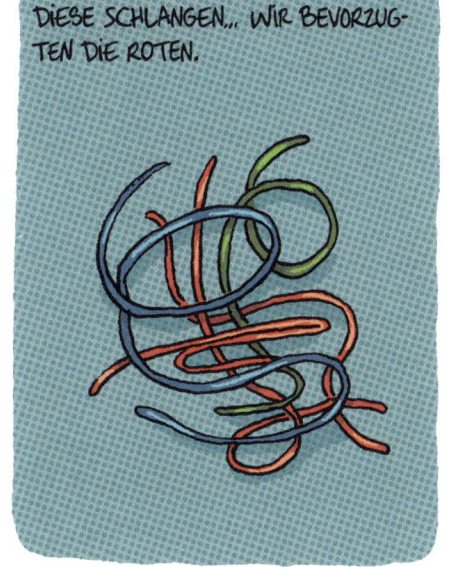

– WENN ICH MICH RECHT ERINNERE, BIN ICH AN DIESEM TAG VOLLKOMMEN DURCHGEDREHT... ALSO, NATÜRLICH FÜNFZEHN SAURE STÄBCHEN...

– ALLE WAREN DAFÜR. MHH, DIESE SÄURE!

– UND EIN PAAR GUMMIBÄRCHEN... WIR HABEN MIT DEN KÖPFEN SO GERNE CHIRURG GESPIELT...

– UND KROKODILE GAB'S AUCH EIN PAAR... DEN WEISSEN TEIL HAB ICH ALLERDINGS NIE GEMOCHT.

– OKAY, WEITER, LASSEN SIE ALLES RAUS!

– DANKE, HERR DOKTOR... AH! ES GAB AUCH SCHLÜMPFE, ABER MIT ZWANZIG CENTIMES PRO STÜCK HABEN SIE DAS BUDGET SEHR BELASTET.

– DAVON GAB'S DREI ODER VIER...

– ZUM GLEICHEN PREIS GAB'S AUCH DIESE SCHLANGEN... WIR BEVORZUGTEN DIE ROTEN.

– GUT. ICH SEHE ALLMÄHLICH, WO DAS PROBLEM LIEGT. ABER REDEN SIE WEITER.
– OH... HAB ICH SCHON VON DEN CARAMBARS ERZÄHLT?

– DIE WAREN TOLL... DREISSIG CENTIMES... ABER ES WAR IMMER SO EIN TOLLER WITZ DRIN.

– UND DIE MALABARS! FÜNFZIG CENTIMES. ZWEI GESCHMÄCKER UND EIN COMIC ODER EIN TATTOO DRIN...

– BEI DER TUBE LEO FÜR EINEN FRANC ZWANZIG ODER DEN SPRING GUMS HABEN WIR IMMER GEZÖGERT.

– KAUGUMMI? MHH, WIR MACHEN FORTSCHRITTE.

– AHA? SIE MEINEN, ES LAG AM...
– NEIN, ES GEHT UMS GANZE. SCHLIESSLICH MUSS ICH DAS „ÜBEL", WIE SIE ES NENNEN, IRGENDWIE EINGRENZEN.
– ICH VERMUTE, SIE HABEN MIR NOCH NICHT ALLES ERZÄHLT, ODER?
– ÄH, NEIN... STIMMT. SOLL ICH WEITERMACHEN?
– IHRE ENTSCHEIDUNG. ABER DIE SITZUNG IST BALD ZU ENDE.

Die Wurzel des Übels

– OKAY... DRAGIBUS GAB'S AUCH. WIR HABEN ZWANZIG FÜR EINEN FRANC GEKAUFT, DIE ZUFALLS-MISCHUNG.

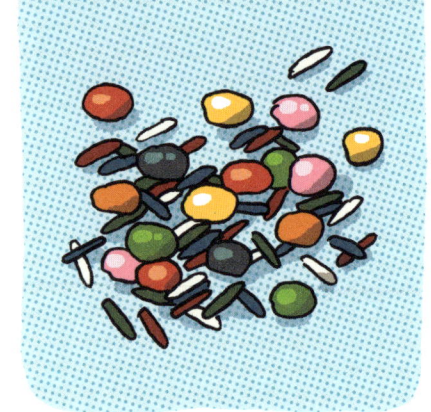

– UND BRAUSEOBLATEN, DIE ROCK-'N'-ROLL-VERSION DER HOSTIE!

– UND NATÜRLICH COLAFLÄSCHCHEN, ABER DIE FÜR FÜNFZEHN CENTIMES DAS STÜCK MIT DEM ZUCKER AUF DER UNTERSEITE!

– SELBSTVERSTÄNDLICH... UND WEITER?

– HARIBO-ERDBEEREN UND BANANEN, DIE GROSSEN KLASSIKER.

– AH! EINE LAKRITZSTANGE, EINE INSEL DER NATUR INMITTEN ALL DER CHEMIE.

– ABER DIE HABEN WIR, IM GEGEN-SATZ ZU ALL DEN ANDEREN GUTEN SACHEN, ERST MAL NICHT ANGERÜHRT.

– IM GEGENSATZ ZUM UNVERZICHT-BAREN PÄCKCHEN FRIZZY-BRAUSE:

WIR HABEN GANZ SCHÖN DIE OHREN AUFGESTELLT, UM SIE IM MUND BRITZELN ZU HÖREN.

– UND DAS ALLES FÜR...
– JA, ES BLIEB SOGAR NOCH ETWAS GELD FÜR EIN ODER ZWEI BRAUSE-TÜTCHEN

– HÄTTEN WIR ALLERDINGS WENIGER HARIBO-ERDBEEREN GEKAUFT, HÄTTEN WIR UNS NOCH EIN HALSBAND LEISTEN KÖNNEN... EIN FRANC ACHTZIG, DER HAMMER!

HÄTTEN WIR...

AARGHH!

PEZ-BONBONS!
VIER FRANCS DAS STÜCK! WIR HABEN STUNDENLANG VERHANDELT! ES IST, ALS WÄRE ES HEUTE GEWESEN!

– DER SCHMERZ IST WIEDER DA? MUND AUF!
– ABER ICH WEISS NICHT MEHR, OB...
– DER MUND! MACHEN SIE DEN MUND AUF!

Die Wurzel des Übels

ARRR

DANKE. SO, MIT DER 17 BIN ICH FERTIG.

GUUUT... DA WAR NUR EINE KLEINE KARIES IM BACKENZAHN... ESSEN SIE EIGENTLICH IMMER NOCH BONBONS?

HHM IST OKAY.

DENKEN SIE DARAN, ZAHNSEIDE ZU BENUTZEN

JOA

SCHÖNEN DANK FÜR DIESE SITZUNG, HERR DOKTOR.

HIER, BITTE.

SEHEN WIR UNS NÄCHSTEN MITTWOCH WIEDER?

?

MOMENT, MOMENT... WIR SEHEN UNS IN SECHS MONATEN WIEDER, FÜR EINE ZAHNREINIGUNG... UND DAS MIT DEM GELD REGELN SIE BITTE MIT DER SPRECHSTUNDENHILFE, ICH BIN KASSENARZT. ACH, DIE ZAHLUNG BITTE IN EURO, KLAR?

lon.

Die guten Tipps von Pépé Roni: Fräsen — n° 010

Verwechsle nie »fräsen« ... und »fräsen«

WEIL SICH JEDER MAL IRREN KANN!

Fräsen: Im Französischen gebräuchlicher Ausdruck für das sorgfältige Kneten eines Teiges mit der Hand.

Ein abscheulicher Fisch

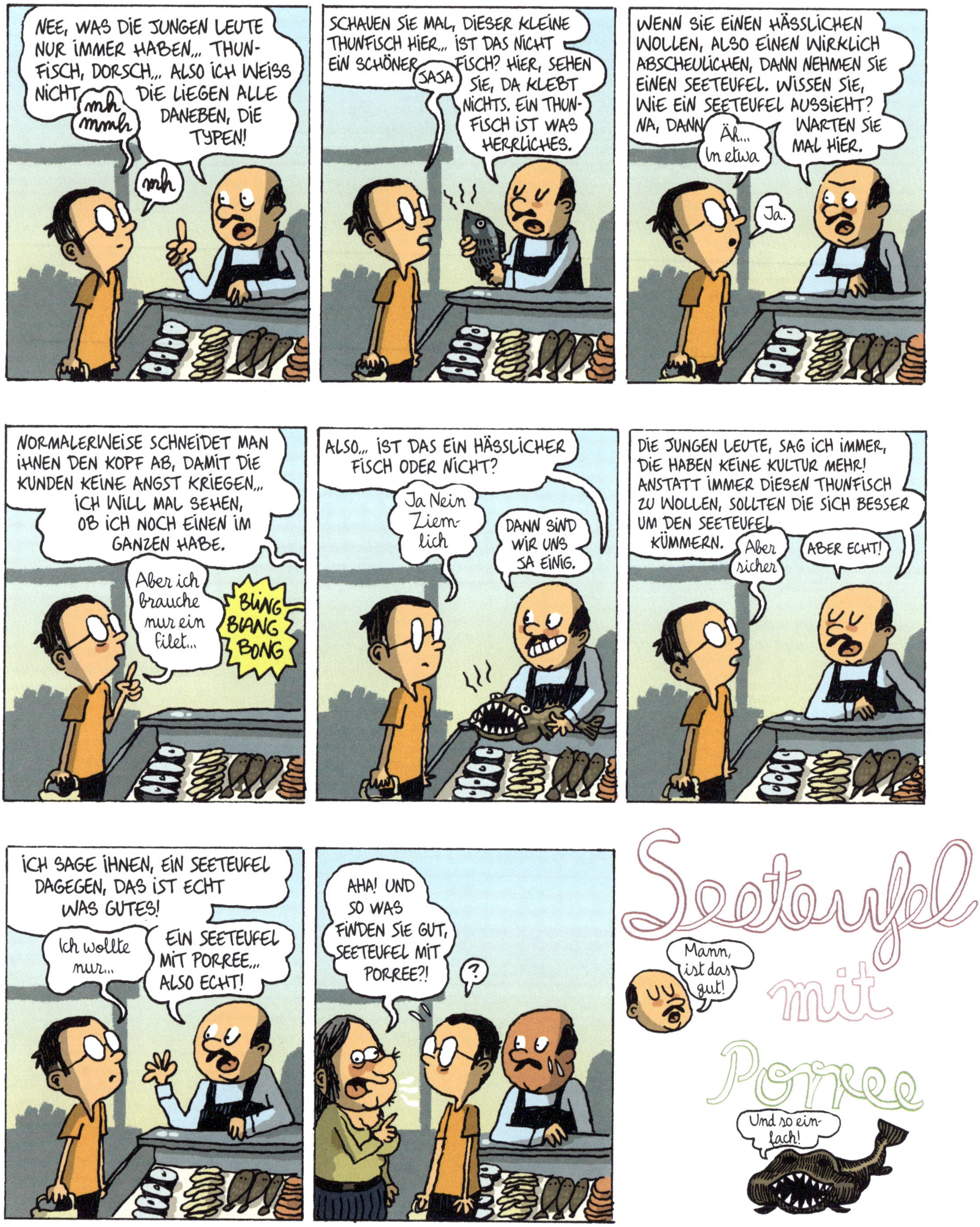

Ein abscheulicher Fisch

Zutaten:
- Trockener Weißwein
- Olivenöl
- Seeteufel, ungefähr 200 Gramm pro Person
- Schalotten, ungefähr eine halbe pro Person
- Zitrone
- Porree, ungefähr eine halbe Stange pro Person (bei normalem Porree)
- Salz und Pfeffer
- Crème fraîche

1. DEN PORREE KLEIN SCHNEIDEN

DANN DIE SCHALOTTEN

DANN SCHNEIDEN SIE DEN SEETEUFEL IN SCHEIBEN VON, SAGEN WIR MAL, 2 ZENTIMETERN

2. SCHMOREN SIE DIE SCHALOTTEN UND DEN PORREE IN EINEM TOPF MIT ETWAS OLIVENÖL AUF KLEINER FLAMME

FFFFFFF

WENN ALLES GLASIG UND GUT VERMISCHT IST, VOM FEUER NEHMEN UND AUF EINEN TELLER GEBEN

3. DIE SEETEUFELFILETS IM SELBEN TOPF BEI STARKER HITZE VON BEIDEN SEITEN BRATEN, WENN NÖTIG ETWAS OLIVENÖL DAZUGEBEN

SHRRSHHH

WENN SIE FARBE ANGENOMMEN HABEN, DEN PORREE MIT DEN SCHALOTTEN WIEDER DAZUGEBEN, ALLES MIT WEISSWEIN BEDECKEN UND BEI GESCHLOSSENEM DECKEL UND KLEINER FLAMME SCHMURGELN LASSEN

SHHHHH

4. ICH PERSÖNLICH MAG DEN SEETEUFEL SCHÖN FEST, DESHALB BETRÄGT DIE KOCHZEIT KAUM MEHR ALS ZEHN MINUTEN. MACHEN SIE ES NACH GESCHMACK. NACH DER HÄLFTE DER GARZEIT DIE CRÈME FRAÎCHE (NACH GESCHMACK) ZUGEBEN, SALZEN UND PFEFFERN, UND VOILÀ!

FÜR ALLE, DIE ES SAUER MÖGEN, IST EINE SCHEIBE ZITRONE GANZ GUT, ABER DURCH DEN WEISSWEIN IST DAS FÜR MANCHE FAST SCHON TOO MUCH... ALS BEILAGE REIS.

— MHHH, DAS IST ECHT GUT!
— GELLE?

Die
AMAP-
Körbe 2
Also, diese Woche...
Zucchini
Cool
Tomaten
Cool
Zwiebeln
Cool
Bohnen
Echt cool
♪ poupou loum
Oje
Und eine...
Schauen wir doch
Eine...
Eine Rote Bete
Meine erste Erinnerung an Rote Bete stammt aus der Zeit, als ich sie mit meinem Cousin auf dem Acker geerntet hab, um sie an die Schweine zu verfüttern (Maschine aus dem Gedächtnis gezeichnet).
Quuuick
Meine zweite Erinnerung an Rote Bete ist ein Teller voller weicher, rosa Würfel, die mit einer Vinaigrette serviert wurden.
Auch wenn es ganz lustig ist, mal rotes Pipi zu haben, roh sollte man sie nicht essen!
pff
Schauen wir mal...
Rote Bete roh
mh
m.mh
clic clic clic

Weich und rosa

"Aah, das könnte was werden!"

Carpaccio von Tomate und Roter Bete mit Ricotta

Zitrone — Olivenöl — Tomaten — Rote Bete — Balsamicoessig — Ricotta — Salz — Pfeffer — Schnittlauch

① ZUERST MUSS EINE ROTE BETE GESCHÄLT WERDEN, UND WENN SIE DANACH KEINE KOMPLETT ROTEN HÄNDE HABEN MÖCHTEN (AUCH WENN ES JA GANZ LUSTIG IST), DANN TUN SIE DAS IN EINEM MIT WASSER GEFÜLLTEN GEFÄSS

ANSCHLIESSEND SCHNEIDEN SIE DIE ROTE BETE UND DIE TOMATEN IN DÜÜÜNNE SCHEIBEN (DIE MENGE, DIE SIE MÖCHTEN)

② VERMISCHEN SIE DEN RICOTTA UND DEN KLEIN GESCHNITTENEN SCHNITTLAUCH IN EINER SCHÜSSEL

DAZU EINEN SPRITZER OLIVENÖL UND NACH BELIEBEN EIN PAAR TROPFEN ZITRONE

③ RICHTEN SIE DIE TOMATEN- UND ROTE-BETE-SCHEIBEN SO SCHÖN SIE KÖNNEN AUF EINEM TELLER AN, WÜRZEN SIE MIT OLIVENÖL UND BALSAMICO (WENN ES WEISSER ESSIG IST, MACHT ER KEINE FLECKEN AUF DEN TOMATEN), SALZEN UND PFEFFERN SIE UND DANN GEBEN SIE HÜBSCH IHRE RICOTTA-MISCHUNG OBENDRAUF.

"Das ist wirklich supergut, versöhnt mich mit der Roten Bete und ist irre einfach zu machen..."

"Gut."

"Ich hab das in dieser Woche noch zwanzig Mal gemacht und wir haben zur Versöhnung ganz schön getrunken."

lon.

Meine „Toll-kirschen"

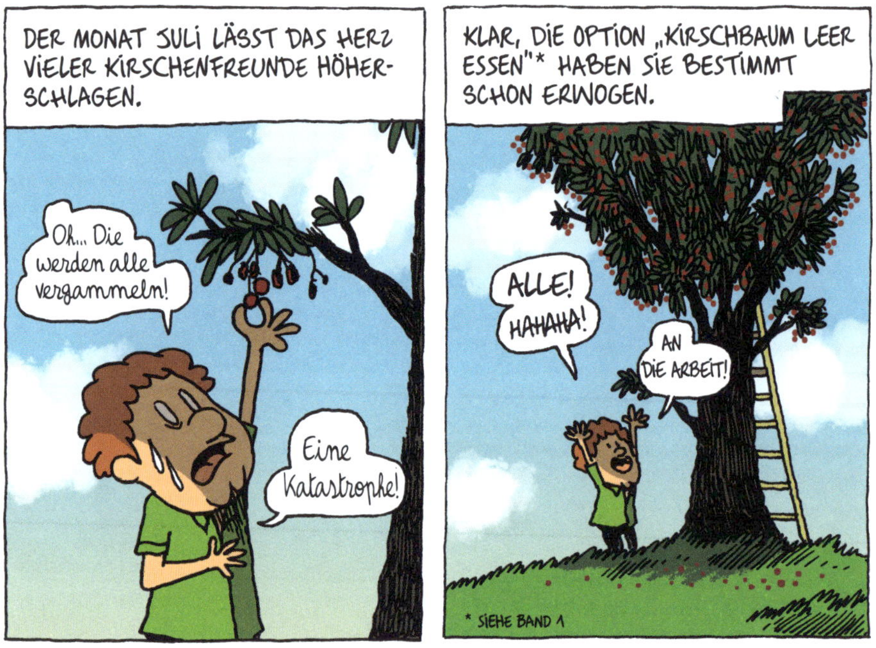

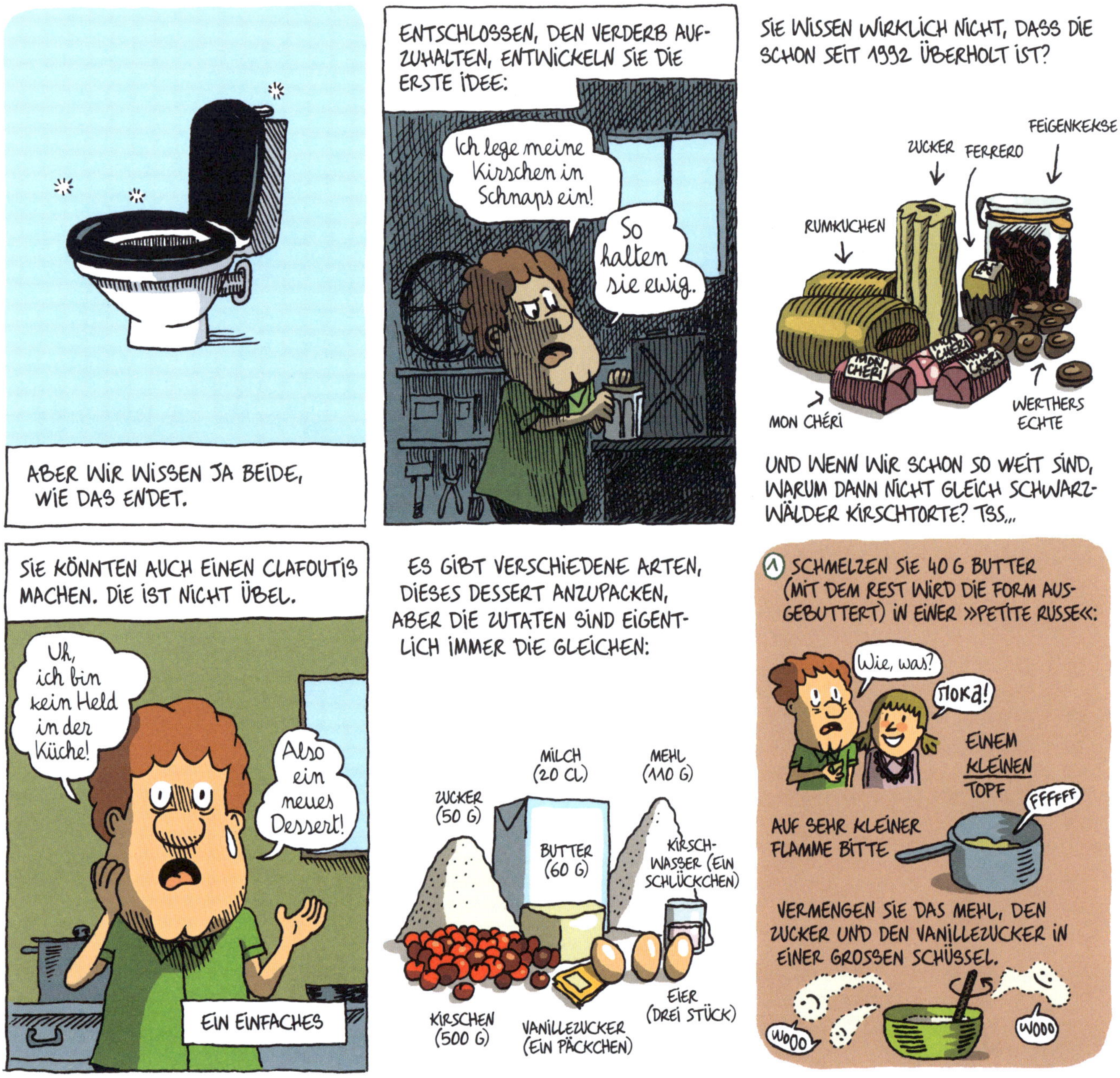

2 GEBEN SIE DIE EIER EINS NACH DEM ANDEREN IN DIE MISCHUNG:
hoy!
hoy!
DANN DIE MILCH UND ZULETZT DIE GESCHMOLZENE BUTTER. EVENTUELL EIN TRÖPFCHEN KIRSCHWASSER, RUM, COINTREAU ODER ÄHNLICHES.
?
Hey, warum nimmst du nicht mich?
TRÖPFCHEN RUM
SIE SIND SCHON FAST FERTIG.
3 IN EINER AUSGEBUTTERTEN FORM (MIT DEM REST DER BUTTER, SEIEN SIE DOCH BITTE ETWAS AUFMERKSAMER!) PLATZIEREN SIE DIE KIRSCHEN:
GEBEN SIE DIE MISCHUNG ÜBER DIE KIRSCHEN UND DAS GANZE FÜR EINE HALBE STUNDE IN DEN (AUF 200 GRAD) VORGEHEIZTEN BACKOFEN. DAS WAR'S SCHON.
Mist, ich hab vergessen die Kirschen zu entkernen!
EIN CLAFOUTIS OHNE KIRSCHKERNE? UND WARUM NICHT EIN BRATHÄHNCHEN OHNE KNOCHEN ODER EINE ROLLE OHNE FRÜHLING?
Aber dann muss man die ganze Zeit Kerne auf seinen Teller spucken...
DIE KERNE GEBEN DEN GESCHMACK
SIE KÖNNEN SIE NOTFALLS IN DER MILCH ZIEHEN LASSEN ODER NEBEN DEM CLAFOUTIS AUF EINEM SEPARATEN TELLER IN DEN OFEN STELLEN. ABER AUF KEINEN FALL DÜRFEN SIE DIE KERNE EINFACH WEGLASSEN. DIE KERNE GEBEN DEN GESCHMACK.
ABER GUT... KERNE HIN ODER HER, EIN CLAFOUTIS IST EINE VERGÄNGLICHE ANGELEGENHEIT. UND WENN SIE DIE ABSICHT HABEN, IHREN GESAMTEN KIRSCHENVORRAT ZU VERARBEITEN...
Aber wir wissen ja beide, wie das endet.
ZEICHNEST DU GERN KLOSCHÜSSELN ODER GEHT ES UM DEN RUNNING GAG?
NEIN... WENN SIE ZU VIELE KIRSCHEN HABEN, DANN MÜSSEN SIE AN RACLETTE DENKEN.
Bei der Hitze?
Wir vergessen die Kirschen also?
NEIN, WIR KONSERVIEREN SIE.
ABER NICHT IN ALKOHOL, SONDERN IN ESSIG. DAS GEHT NOCH EINFACHER ALS EIN CLAFOUTIS. SIE BRAUCHEN:
WEINESSIG (1 L)
ZUCKER (200 G)
ZIMT
NELKEN
KIRSCHEN (1 KG)
DIE GEWÜRZE, DIE SIE GERNE DRIN HÄTTEN
1 LASSEN SIE DEN ESSIG, DEN ZUCKER, EIN PAAR NELKEN UND EINE STANGE ZIMT AUF KLEINER FLAMME IN EINEM RU... EINEM KLEINEN TOPF ZEHN MINUTEN KOCHEN:
Wenn man reinguckt, reizt es die Augen!
SIE ERHALTEN EINE ART SIRUP.
2 GEBEN SIE DIE KIRSCHEN IN (SAUBERE) GLÄSER, DIE GEWÜRZE DAZU, DIE SIE GERNE DRIN HÄTTEN, FÜLLEN SIE MIT DER ART SIRUP AUF UND LASSEN SIE ALLES ERKALTEN.
KIRSCHEN
KARDAMOM
KORIANDER
ZIMT
NELKEN
GUT VERSCHLIESSEN UND AN EINEM KÜHLEN BLABLAUNDSOWEITER ORT BIS ZUM NÄCHSTEN WINTER AUFBEWAHREN. ODER BIS ZUM ÜBERNÄCHSTEN, WENN SIE WOLLEN.
DIE ESSIGKIRSCHEN SIND EINE EXZELLENTE BEIGABE ZU RACLETTES, FONDUES, KALTEN BRATEN USW.
Die sind aber wirklich zu gut!
Gleich sind sie alle
Schleck
ZWINGEN SIE MICH BITTE NICHT SCHON WIEDER, EIN KLO ZU ZEICHNEN!
lon.

Ein fünfundzwanzig Jahre alter Gimmick

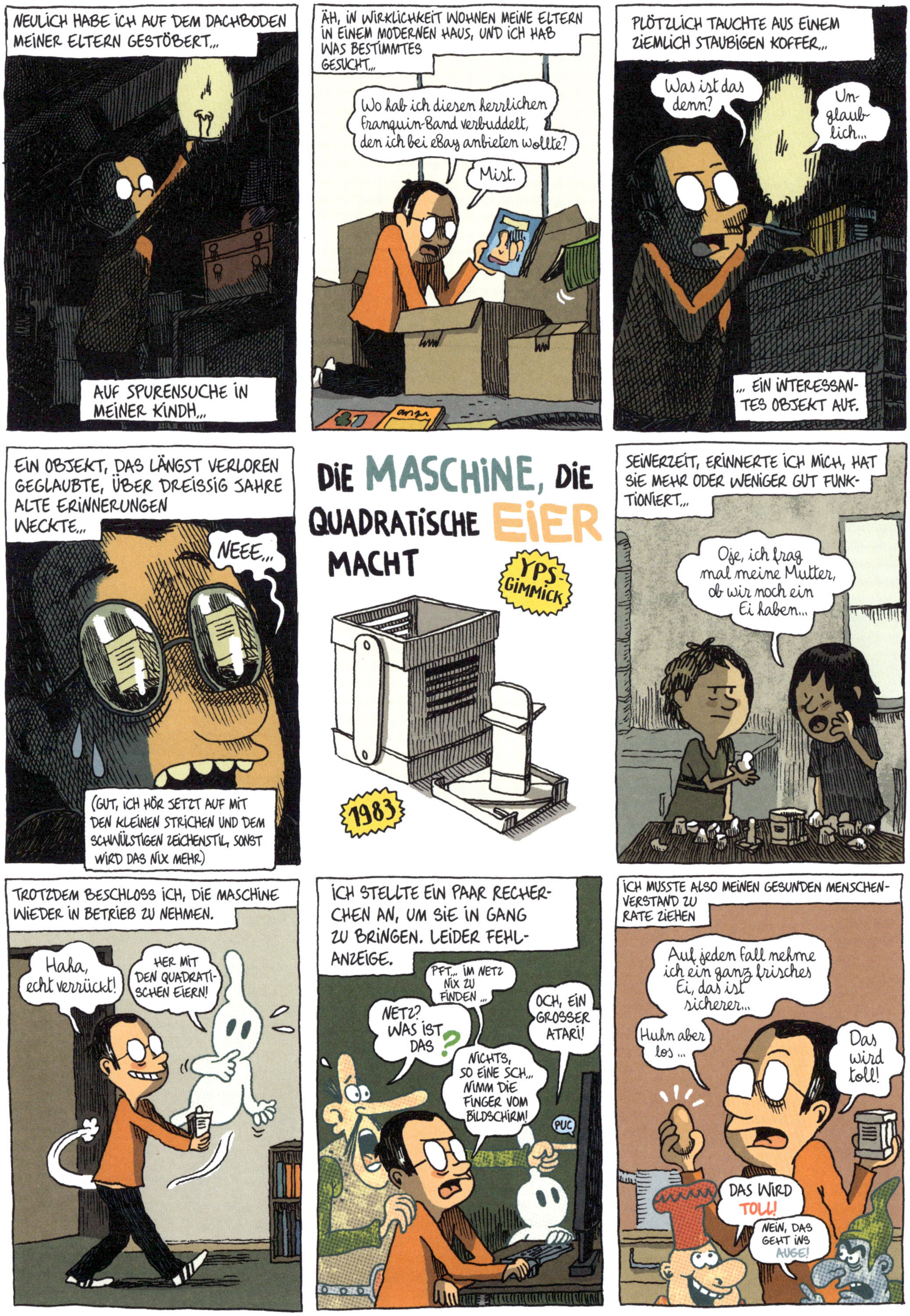

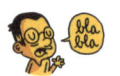

Ein fünfundzwanzig Jahre alter Gimmick

Panel 1:
Okay, man muss das Ei wohl kochen, bevor man es in die Maschine tut...
Nich wahr...

Panel 2:
Zu Anfang habe ich gelernt, dass man das Ei schälen muss, andernfalls explodiert die Maschine...
Was'n Schreck!
ZENSIERT
Und dass ich die Maschine besser gewaschen hätte, bevor ich sie benutze.

Panel 3:
Einige Versuche später hatte ich endlich die Lösung...
Ziemlich einfach, oder?
genial!!
Falls Sie, lieber Leser, auch eine solche Maschine besitzen und die Gebrauchsanleitung verloren haben...

VOILÀ **SO FUNKTIONIERT ES:**

① WÄHLEN SIE EIN NICHT ZU DICKES EI, SEIN VOLUMEN SOLLTE NACH MÖGLICHKEIT KLEINER SEIN ALS DAS DER MASCHINE, DIE QUADRATISCHE EIER MACHT:
iDEAL →

② GEBEN SIE DAS EI IN KOCHENDES WASSER UND KOCHEN SIE ES AB DEM AUFWALLEN DES WASSERS NEUN MINUTEN
DANN SCHÄLEN

③ STELLEN SIE DAS WARME EI IN DEN QUADRATISCHEN BEHÄLTER DER (GEREINIGTEN) MASCHINE

JETZT INSTALLIEREN SIE DIE EIERPRESSE (SUPERGUT DURCHDACHT) SO, DASS DER GRIFF IN DIE DIAGONALE ZEIGT

ANSCHLIESSEND PRESSEN SIE DAS EI SANFT UND DREHEN DEN GRIFF UM EIN VIERTEL

④ DAS EI IN DER PRESSE EINE NACHT IM KÜHLSCHRANK LAGERN, DANN VORSICHTIG AUS DER FORM NEHMEN

Panel rechts:
Und hier das Ergebnis: perfekte quadratische Eier, geben Sie's zu
Leute, guckt mal!
hi-hi!
Was?

Panel unten links:
SCHAUT MAL, IM INTERNET GIBT'S NOCH TOLLERE EIER!
SPROTCH
?!
ICH HAB MAL AUF COOKIES GEKLICKT!

Panel Mitte:
HTTP://EIERFORMEN.COM/HOME
EIERFORMEN.COM
WÄHLE DEIN EI
KAWAii-SERIE
ABA 3,90€
MENGE
HASE BÄR AUTO
LOL. ODER NICHT?
EINFACH NUR 10 MIN. WARTEN FERTIG IST DEIN EI!
KUCKUCK!

Panel rechts:
DIE ZEITEN ÄNDERN SICH EBEN...
Wer ist hier alt, hä?!
POF!
PIF!
DUMM UND DÜMMER SIND DOCH EINS!

Was, mein Rezept gefällt dir nicht?

CANNELLONI MIT BROUTCHIO

Eine Zwiebel
Minze
Olivenöl
2 kleine Eier
Maizena
Ein Päckchen Cannelloni
Knoblauch
Pfeffer
Salz
Zucker
Eine Dose Tomatensauce

— HEY,... WAS IST DAS DENN, BROUTCHIO?
— DU MEINST NICHT ZUFÄLLIG **BROCCIU***, HÄ?
— CH'ELLI TI VENGA U FRUSCIU!

— SOO,... PLÖTZLICH HAST DU RESPEKT VOR DEM BROCCIU, NE?
— NACHHER SCHAU'N MER MAL NACH 'NEM REZEPT...
— HEY, DU PACKST JA DEINE CANNELLONI WIEDER EIN!
— KRATZ KRATZ

— HEY, DER BROCCIU IS SCHON GEKOCHT...
— WIRST DU DER SACHE SCHON ÜBERDRÜSSIG?
— OKAY, WIR KOCHEN!
— CH'ELLE TI CASCHINU E MANI...
— WIR KOCHEN, ABER WIR KÖNNEN UNS DOCH UNTERHALTEN, ODER?
— NEE, NICHT UNTERHALTEN?

① **FÜR DIESES REZEPT BRAUCHT MAN:**
- BROCCIU „TROCKEN"
- PFEFFER
- EIN MESSER
- BROT

② **SCHNEIDE MIT DEM MESSER EINE NICHT ZU DICKE UND NICHT ZU DÜNNE SCHEIBE BROT AB:**

③ **IMMER SCHÖN WEITERSCHNEIDEN... HEY, KOCHEN BRAUCHT EBEN ZEIT!**

JE MEHR LEUTE DU EINLÄDST, DESTO MEHR BROT MUSST DU SCHNEIDEN, ALSO IMMER SCHÖN SACHTE BEIM EINLADEN.

* BEKANNTER KORSISCHER KÄSE

Charles de Gaulle: In Frankreich gebräuchlicher Name für einen Korkenzieher, der im Betrieb eine gewisse Ähnlichkeit mit der Körperhaltung des Expräsidenten bei öffentlichen Reden hat.

Die guten Tipps von Pépé Roni: Mandoline — n° 312

Verwechsle nie »Mandoline«

♪♫♪ PLING PLING

und »Mandoline«

!! ZING ZING

WEIL SICH JEDER MAL IRREN KANN!

Mandoline: Gebräuchlicher Ausdruck für ein Küchengerät, meistens aus Edelstahl, mit dem man Gemüse hobelt.

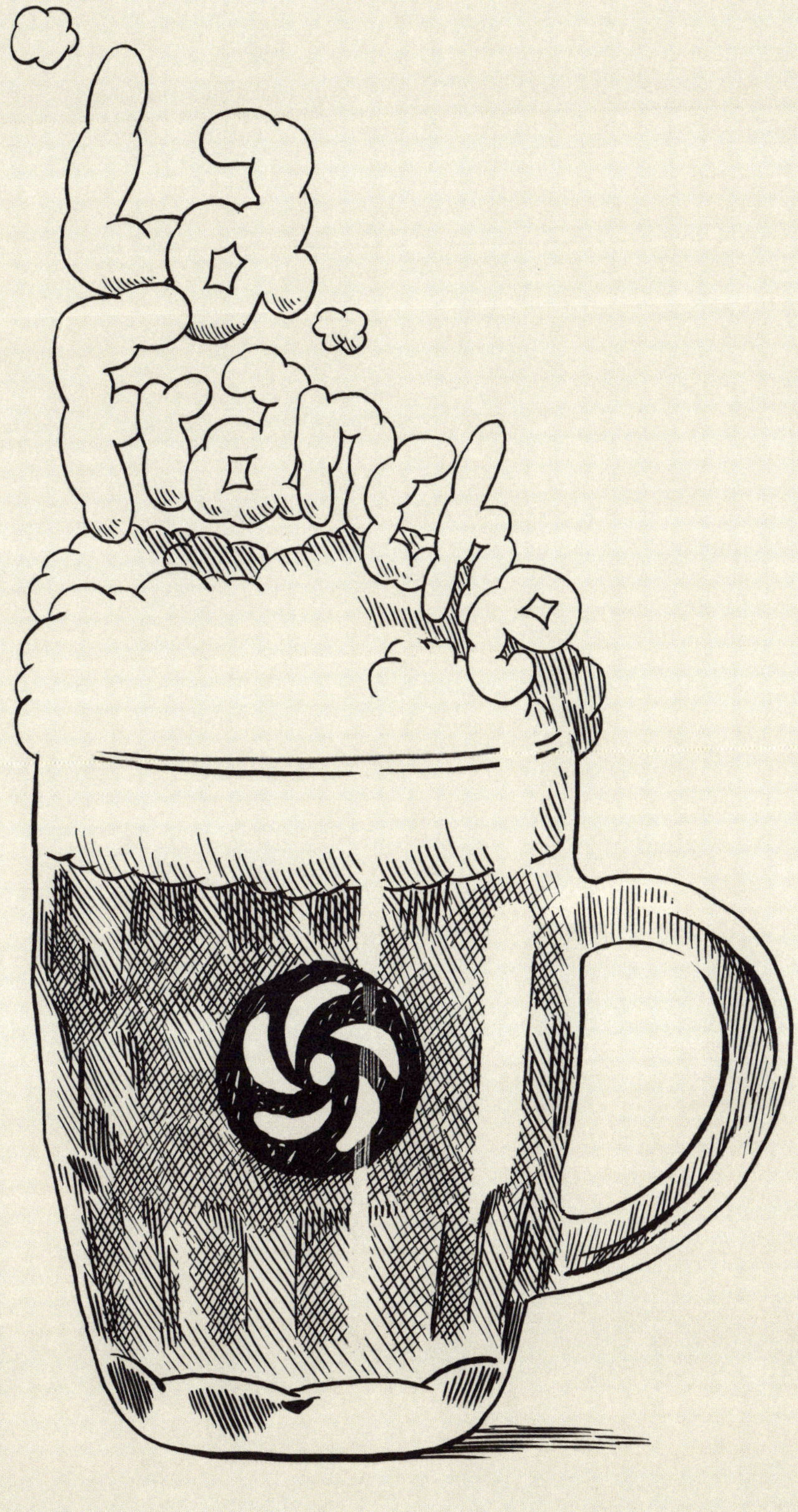
La Franche

ICH MAG KEIN BIER. ICH TRINKE ES GELEGENTLICH, KANN ABER NICHT SAGEN, DASS MIR DIESE MARKE BESSER ODER JENE SCHLECHTER SCHMECKT... ES IST KOMISCH, WÄHREND DES ERWACHSEN-WERDENS HABE ICH EINIGE DINGE LIEBEN GELERNT, DIE ICH ALS KIND ABSCHEULICH FAND, WIE WEIN, ENDIVIEN ODER FRISÉESALAT, ABER BIER SELTSAMERWEISE NICHT.

IN DER KINDHEIT IST UNSER GAUMEN NÄMLICH EMPFÄNGLICH FÜR SÜSSES UND SAURES (FULL HOUSE FÜR HARIBO!) UND IM ERWACHSENENALTER BE-GINNT ER, AUCH BITTERES UND SALZIGES ZU MÖGEN.

ICH GLAUBE, DIE MÄNNER HABEN ANGEFANGEN DIESES GETRÄNK ZU TRINKEN, UM SICH NACH SCHLACHTEN WIEDER ZU VERTRAGEN, ODER WAS WEISS ICH, UND IRGENDWANN HABEN SIE SICH DARAN GEWÖHNT...

Schmeckt scheiße, hä?

Jau!

Aber die Frauen sind weit weg!

Auf dein Wohl, mein Freund!

GUT, DAS IST NUR EINE THEORIE.

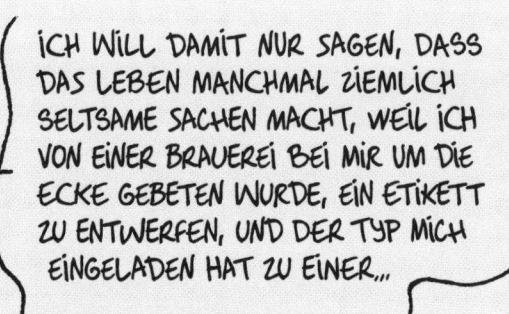

ICH WILL DAMIT NUR SAGEN, DASS DAS LEBEN MANCHMAL ZIEMLICH SELTSAME SACHEN MACHT, WEIL ICH VON EINER BRAUEREI BEI MIR UM DIE ECKE GEBETEN WURDE, EIN ETIKETT ZU ENTWERFEN, UND DER TYP MICH EINGELADEN HAT ZU EINER...

COLA

La Franche

62

BESICHTIGUNG BRAUEREI La Franche

39600 – LA FERTÉ.

RÉGIS • JEAN-YVES

DRUNKEN BUTTERFLY S.Y.

VOR ORT WERDE ICH VON RÉGIS EMPFANGEN. ALLES, WAS SIE ZUM BRAUEN BRAUCHEN, IST IN EINER AUF VORDERMANN GEBRACHTEN ALTEN SCHEUNE VERSTAUT.

HEILIGER BIMBAM, MACH, DASS ICH IHR BIER NICHT PROBIEREN MUSS!

ER ERZÄHLT MIR, DASS ER IN DEN ANFÄNGEN VON LA FRANCHE MIT SEINEM KUMPEL JEAN-YVES ZU HAUSE GEARBEITET HAT UND DASS SIE, UM DAS MALZ ZU MAHLEN, EIN FAHRRAD MIT EINEM RAD DARUNTER KONSTRUIERT HABEN. (EIN FAHRRAD IN DER PERSPEKTIVE KANN ICH NICHT SO GUT, ABER ES SIEHT UNGEFÄHR SO AUS:)

LEITER

ENTSPRICHT ETWA 20 KILOMETERN BEI LEICHTER STEIGUNG FÜR EINEN SACK MALZ

DAS MAHLRAD WURDE DANN DAS LOGO VON LA FRANCHE

JA, ÄH... DARF ICH FOTOS MACHEN?

DU ZEICHNEST NICHT?

DOCH, ABER ERST NACH—

AH, OKAY. ICH DACHTE, DU WÄRST KÜNSTLER UND WÜRDEST LIVE ZEICHNEN UND SO...

JA, SCHON, ABER ICH WOLLTE NICHT...

ÖH...

WIE MACHT MAN BIER?

(im Großen und Ganzen)

(VERSCHIEDENE MALZE, MISCHUNGEN)

WEIZEN — GERSTE — GERÖSTETE GERSTE

① ZUERST BRAUCHT MAN WASSER VON GUTER QUALITÄT UND MALZ.

Wie beim Whisky.

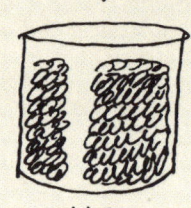

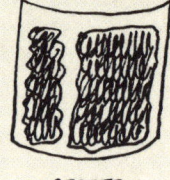

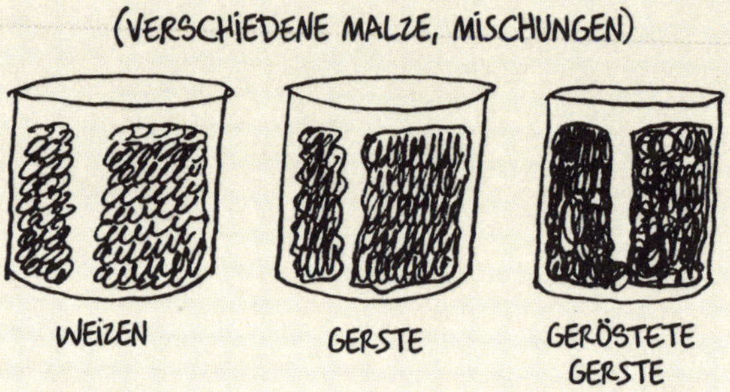

DAS MALZ IST EIN GEKEIMTES UND GETROCKNETES GETREIDE, DAS BEI VERSCHIEDENEN TEMPERATUREN GERÖSTET WIRD.

In der Branche nennt man das „darren"

② DANN WIRD DAS MALZ GEMAHLEN (HEUTE HABEN SIE DAFÜR EINE ELEKTRISCHE MASCHINE). ES ENTHÄLT STÄRKE, DIE SICH IN ZUCKER VERWANDELT, WENN MAN ES FÜR DIE BIERHERSTELLUNG MIT WARMEM WASSER VERMISCHT.

(DAS WASSER WIRD AUF 65°C ERHITZT)

VERWANDLE DICH! STÄRKE

DIE MISCHUNG WIRD DURCHGERÜHRT UND GEFILTERT

Das Weißbier (franche galle) ← lustig
Malz & Weizen

Das Blonde (franche en bas) ← Schon wieder lustig
Malz & helles Malz

Das Bernsteinfarbene (franche de vie) ← Auch
Helles, leicht gedarrtes Malz

Das Dunkle (franche ipane) ← Und noch mal
Mischung aus gedarrten Malzsorten

③ ANSCHLIESSEND* GIBT DER BRAUER DEN HOPFEN DAZU: ES FUNKTIONIERT WIE BEIM TEE, ER WIRD ALSO FÜR EINE BESTIMMTE ZEIT REINGEHÄNGT (JE LÄNGER, DESTO BITTERER). SO BEKOMMT DAS BIER SEIN AROMA

* WENN NUR NOCH ZUCKER ÜBRIG IST UND GEFILTERT WURDE

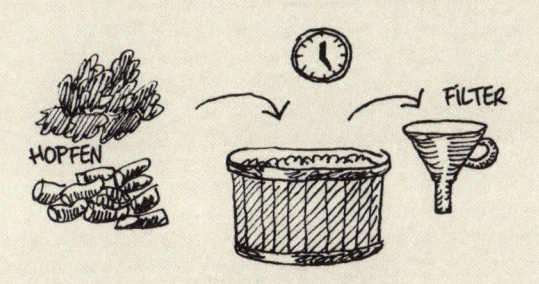

HOPFEN · FILTER

(SO SAH IHR ERSTER GÄRBOTTICH AUS, ALS SIE NOCH ZU HAUSE GEBRAUT HABEN. ER FUNKTIONIERT NOCH.)

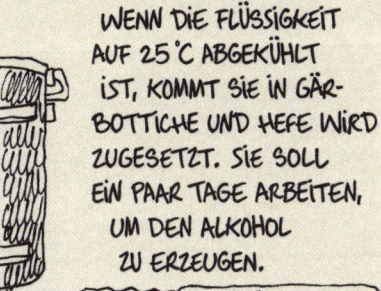

④ WENN DIE FLÜSSIGKEIT AUF 25°C ABGEKÜHLT IST, KOMMT SIE IN GÄRBOTTICHE UND HEFE WIRD ZUGESETZT. SIE SOLL EIN PAAR TAGE ARBEITEN, UM DEN ALKOHOL ZU ERZEUGEN.

JETZT WIRD MÄCHTIG WAS VERGOREN!

← EINE UMGEBAUTE ALTE MILCHPUMPE BEFÖRDERT DAS BIER IN DEN GÄRBOTTICH (BEI LA FRANCHE WIRD VIEL IMPROVISIERT)

⑤ NACH DER GÄRUNG SAMMELT SICH DIE HEFE AM BODEN DES GÄRBOTTICHS. DORT LÄSST MAN SIE AUSKÜHLEN. (DAS IST DIE ÄLTESTE ART DER BIERHERSTELLUNG.) DIE FLÜSSIGKEIT, DIE AUS DEM BOTTICH KOMMT, IST NOCH KEIN BIER. SIE WIRD IN FÄSSER ODER IN FLASCHEN GEFÜLLT, MAN SETZT ZUCKER ZU, EIN WENIG RESTHEFE WIRD CO_2 HERSTELLEN, ALSO DIE BLÄSCHEN — UND DANN IST ES BIER!

GÄRBOTTICH

DER KAMPF GEHT WEITER! EUCH BLAS ICH UM!

— Davor war ich Beamter, aber für die Brauerei hab ich das an den Nagel gehängt
— Und warum hast du das gemacht? Unsere Generation ist doch mit Bier groß geworden, oder?
— Äh... Na ja, eher nicht.
— Tja, mir kam das ganz natürlich vor. Bier hat mich immer interessiert, und jetzt mache ich eins, das mir entspricht!

(Ein bisschen wie ich, ich war mal Entwickler bei Lego...)

— Endlich hab ich das Piratenschiff von 1992 verbessert! Es schwimmt jetzt.
— VIDUNDERLIG!

BIER IST KEIN AUSGESPROCHEN REGIONALES PRODUKT, ABER RÉGIS UND SEAN-YVES ARBEITEN BEI LA FRANCHE IM ENGEREN UMKREIS. SO IST ES NUR LOGISCH, DASS SIE SPASS DARAN HABEN, IHREN EIGENEN HOPFEN ZU ZIEHEN, UND VOR ALLEM IST IHR BIER **BIO**

IN DEM RAUM, IN DEM SIE IHR BIER ZWISCHENLAGERN, HERRSCHEN 25°C, UND ES GIBT MÄUSE, ALSO HABEN SIE BESCHLOSSEN, AB UND ZU EIN ETIKETT ZU MACHEN, AUF DEM EINE MAUS VERSTECKT IST. WER SIE FINDET, GEWINNT EINEN KASTEN BIER.

"WIR MACHEN UNS EIGENTLICH KEINE SORGEN UM DIE HYGIENE, ALLES WIRD GUT ERHITZT, DIE EINZIGE SORGE IST, DASS JA NICHTS IN DIE KESSEL FÄLLT. WENN WIR PRO JAHR UND PRO BRAUER 150 HEKTOLITER ERZEUGEN, REICHT ES GERADE ZUM LEBEN. AM ANFANG STAND DAS MANCHMAL AUF DER KIPPE, ABER ZUM GLÜCK HABEN WIR UNSERE FRAUEN, DIE HABEN SICH UM DIE NÖTIGE KOHLE GEKÜMMERT. (HEY, DAVON SCHREIBST DU ABER NIX IN DEINER REPORTAGE, KLAR?!)"

"MACH DICH VOM HOF, BEVOR DU PROBIEREN MUSST!"

VIELE SCHÖNE BALKEN IN DER SCHEUNE
GÄRBOTTICH
AUTOMATISCHE HANDETIKETTIERMASCHINE

BEI LA FRANCHE WERDEN GERNE EXPERIMENTE GEMACHT, UND DIE BEIDEN FREUEN SICH WIE DIE IRREN, WENN SIE ZUM BEISPIEL SO WAS HERSTELLEN:

LA FAUSSE BLONDE: BIER, DAS IN EINEM WEINFASS MAZERIERT WURDE

BIERE DE MARS: BIER MIT PARTIKELN, DIE VON EINEM MARS-METEORITEN STAMMEN

ENTREPREPARATION: BIER MIT DINKEL

"OKAY, TOLL, ICH MUSS DANN MAL, ICH HAB ALLES NOTIERT, ALLES COOL UND WARTE!"

"NICHTS WIE WEG!!"

"Du wirst doch wohl nicht gehen, ohne unser Bier probiert zu haben, oder?!"

(REALISTISCHES, ABER NUR MITTELMÄSSIG ÄHNLICHES PORTRÄT)

ICH SITZE IN DER FALLE.
ICH WERDE BIER TRINKEN UND SAGEN MÜSSEN: „ES SCHMECKT MIR", UM SIE NICHT ZU ENTTÄUSCHEN.

Ah, weißt du, ich und Bier...
Was is?
Ich find's bitter
Es ist bitter, na und?
Das ist der Sinn des Bieres, die bitteren Aromen!
WÄHREND DER VERKOSTUNG ERFAHRE ICH, DASS DIE BITTERKEIT EINES BIERES AUF EINER SKALA NAMENS IBU * GEMESSEN WIRD, DIE BIS 120 GEHT.
* INTERNATIONAL BITTERNESS UNIT
Das Kronenbourg hat etwa 20, um den Massengeschmack zu treffen.
Unsere fangen bei 40 an.
DAS WEISSBIER
IBU: 40
ICH STERBE
Schluck
Oh Mann, bitter, aber da ist noch Geschmack
Banane? Ja, genau.
DAS HELLE
IBU: 65
ICH BIN ERLEDIGT!
Schluck
Wirklich super, man schmeckt die Aromen und die Bitterkeit. Ich glaub, ich muss jetzt...
DAS XXX2
IBU: 100
(Das Bier, für das ich das Etikett gemacht hab, als Hommage an das XX Bitter von De Ranke, IBU 65)
Okay, okay, ich versteh's ja... Aber so geht's nicht weiter, Mann!
Weißt du, ich versteh jetzt alles besser, scheiß drauf, Mann!
Das Bier
Das Bier
WAS HAT DAS BIER NUR AUS MIR GEMACHT?!
Ist es, als wär es dein Bruder?
Glaubt es oder glaubt es nicht, Freunde, aber bei der Verkostung habe ich die Komplexität von Bier dann doch etwas besser begriffen... Ich glaube, man muss sich einfach ein bisschen Zeit nehmen und Interesse aufbringen. Es ist wie mit den Frauen. Die Frauen, der Alkohol...
MIST. ICH VERTRAGE KEINEN ALKOHOL.
Bleib doch noch hier!
Ich hab noch viel mehr Bier!
NEEEIN! NEEEIN!
HÖLLE!
lom.

Die guten Tipps von Pépé Roni: Mönchskopf — n° 666

Verwechsle nie: »Mönchskopf« ... und »Mönchskopf« ...

"WEIL SICH JEDER MAL IRREN KANN!"

Mönchskopf: Gemeint ist der Schweizer Käse »Tête-de-Moine«, den man vor dem Servieren mittels eines Schabers in feinen Lagen von oben abschält und dem Käse so eine Tonsur macht.

Herbst

SIE SIND DER HERRSCHER DER BINÄREN WELT. SIE SPRECHEN FLIESSEND PROLOG UND LESEN GANZ NEBENBEI IN FORTRAN. AB UND ZU BETRAUT DIE CIA SIE MIT EINER MISSION…
TIC TIC TIC TICTIC
… NACHDEM SIE IM ALTER VON ELF IHRE DATENBANK GEKNACKT HABEN.
I READ YOUR E-MA
TIC TIC TIC TIC TIC TIC TIC
LASAGNE BOLOGNAISE
220 GRAMM
HACHIS PARMENTIER
ERNÄHRUNGSFRAGEN HINGEGEN INTERESSIEREN SIE KEIN STÜCK. IHR ESSEN WIRD TIEFGEKÜHLT ODER VAKUUMVERPACKT GELIEFERT, MAL RECHTECKIG, MAL QUADRATISCH, UND DAS IST GUT SO.
UND DANN, EINES MORGENS, ALS SIE SICH GERADE ANSCHICKEN, IHRE TÄGLICHE LEBENSMITTELLIEFERUNG ENTGEGENZUNEHMEN, STAUNEN SIE NICHT SCHLECHT…
DING DONG DING DONG
Jaja-komm-schon
Muss die Klingel mal neu programmieren
FLAP FLAP FLAP
… PLÖTZLICH AUGE IN AUGE EINEM PAKET GEGENÜBERZUSTEHEN, DAS WEDER QUADRATISCH NOCH RECHTECKIG IST:
was ist das?
UNTERSCHRAIBEN SCHIE BITTE HIER!
Unsere Freunde die Kürbisse
ERSTER TEIL
Der Spaghettikürbis
SIE ERINNERN SICH DUNKEL, ZWISCHEN ZWEI VERHEXTEN C++-CODES IRGENDWAS MIT SPAGHETTI BESTELLT ZU HABEN…
ÄH…
UND WO STEHT DIE KOCHZEIT?
UND DER APPETITANREGENDE TEXT?
AUF DEN ERSTEN BLICK HABEN SIE ES MIT EINEM HÖLLISCHEN BROCKEN GEMÜSE ZU TUN!
SIE ERWÄGEN, DIESES DING IRGENDWIE IN ETWAS NÜTZLICHES ZU VERWANDELN:
HOW TO MAKE JABBA THE HUTT WITH A SPAGHETTI SQUASH
CUT
PASTE
FIRST STEP:
WOW!
SIE HABEN ABER ÜBERSEHEN…
… DASS SICH DIESES KÜRBISGEWÄCHS IN ZUBEREITETER FORM TATSÄCHLICH IN EINEN BERG SPAGHETTI VERWANDELN KANN!
STELLEN SIE SICH VOR… GEMÜSE-SPAGHETTI À LA CARBONARA – MIT KÄSE, KNOBLAUCH, KOKOSMILCH, WAS WEISS ICH… IHRER FANTASIE SIND KEINE GRENZEN GESETZT!
IS JA WIE IN DER IKEA©-WERBUNG!
ABER ES TUT MIR LEID, ICH HAB NUR EINEN BACKOFEN.

Jabba, der Kürbis

Ein Backofen: perfekt. Mehr braucht's nicht, um ein...

SPAGHETTIKÜRBISGRATIN

Spaghettikürbis
zu machen

PADAWAN NIVEAU

- KNUSPRIG
- ERFREULICH
- SCHMELZEND

Sie brauchen:
- Einen Löffel
- Olivenöl
- Sahne
- Salz
- Pfeffer
- Etwas altes Brot
- Käse, etwa Compté oder Gorgonzola
- Muskatnuss
- Eine Reibe
- Einen Spaghettikürbis
- Ein Laserschwert

① Den Backofen auf 180 °C (oder Thermostat Stufe 6) vorheizen. Schneiden Sie den Spaghettikürbis mit Hilfe des Laserschwerts in zwei Hälften. (Sie können auch ein Messer verwenden. Aber das ist mehr Arbeit und nur halb so lustig.)

Dann schneiden Sie die Enden des Kürbisses ab, träufeln etwas Olivenöl darauf, reiben ein wenig Muskatnuss darüber und geben das Ganze auf einem Blech in den Ofen.

② Nach einer gewissen Zeit, die Ihnen lang erscheinen kann, also ungefähr einer Stunde, holen Sie die Kürbisteile aus dem Ofen:

— Wo sind jetzt die Spaghoutten?
— Wart's ab!

Prüfen Sie mit Hilfe Ihres Laserschwerts, ob er gar ist. (Aber Vorsicht, ruinieren Sie dabei nicht Ihren Ofen!) Das Schwert muss leicht hineingleiten.

Setzt drehen Sie eine Gabel im Kürbisfleisch, und das SPAGHETTIWUNDER geschieht wie von ZAUBERHAND!

③ Setzt wird mit Hilfe Ihrer Reibe

- Brot gerieben
- Käse gerieben
- Wie irre Muskat gerieben (aber nicht die ganze Nuss, klar?*)

Falls er weich ist, wie Schimmelkäse zum Beispiel, einfach mit dem Laserschwert in kleine Würfel lasern.

Geben Sie die Kürbisspaghetti in eine Auflaufform.

*wirkt hier wie Pfeffer, nur weniger stark

④ Vermischen Sie den geriebenen Käse und die Muskatnuss mit den Spaghetti, und er wird schon etwas zu schmelzen beginnen. Hier können Sie mit verschiedenen Käsen, zum Beispiel Schimmelkäse, experimentieren (aber nicht so was wie Babybel!) Dann ein Löffel Sahne:

Salzen und pfeffern

Setzt noch eine schöne Schicht geriebenes Brot, und zurück in den Ofen damit! (Thermostat Stufe 6)

⑤ Warten Sie, bis der Käse schön geschmolzen ist. Das dürfte nicht länger als fünf Minuten dauern, dann schalten Sie den Grillmodus hinzu und überbacken mir das Ganze schön! Eine andere Möglichkeit ist, sanft mit dem Laserschwert über die Auflaufform zu streichen (geht deutlich schneller)

— WOOOAAA
— So geht also „Kochen"?
KRIIITCHHHZZZ

— Aha! Schon bei der Arbeit? So ein Spaghettikürbis ist eine Offenbarung, oder?
— Na ja, irgendwie superschwierig!

FRITCH FRITCH FRITCH

— Meine JABBA-Figur sieht irgendwie niemandem ähnlich
— Bescheuerte Tipps
— Is wohl doch eher ein Gratin

* WÖRTLICH: „WER SCHLÄFT, ISST AUCH." IM UMGANGSSPRACHLICHEN GEBRAUCH SINNGEMÄSS FÜR: „DU KANNST DAS EINE NICHT OHNE DAS ANDERE HABEN."

Rezept per Telefon

Perlhuhn auf dem Sofa

AM TELEFON MIT MEINEM NEUEN FREUND

Ein Rezept, bei dem du den Eindruck hast, es sei superschwer, wogegen es einfach nur viel Zeit braucht, das ist alles.

— SCHREIBST DU MIT?
— FÜR VIER BIS SECHS PERSONEN
— ABER DANACH FAHREN WIR INS SCHWIMMBAD, JA?

Zutaten:
- UNGEFÄHR 200 G GEFLÜGELLEBER
- SPECK IN SCHEIBEN
- ÖL
- BUTTER
- GÄNSESCHMALZ ODER SCHWEINESCHMALZ
- EIN GANZES TOASTBROT
- EIN (NICHT EINES NATÜRLICHEN TODES) GESTORBENES PERLHUHN VON UNGEFÄHR EINEINHALB KILO
- EIN KLEINES GLAS COGNAC
- SALZ
- PFEFFER
- ZWEI SCHALOTTEN
- THYMIAN

— FETT-ORGIE!

① ALSO, EIN PERLHUHN BEREITET MAN WIE EIN HUHN ZU, ES IST AUCH BESSER, ABER LEIDER WIRD ES AUCH VIEL SCHNELLER TROCKEN. DU MUSST ALSO ZUERST DIE SCHENKEL MIT SPECK UMWICKELN... JA, WIE EIN UMSCHLAG, WENN DU SO WILLST, DANACH MUSST DU ES BUTTERN UND... JA, WIE EIN BUTTERBROT, GENAU. UND DU KANNST ES SOGAR EINÖLEN... WAS? JA, WIE EINE F... SCHREIBST DU NOCH MIT? ERZÄHL MIR NICHT, DU BIST SCHON AM KO... WAS? ABER DAS WÄREN DREI STUNDEN AM TELEFON!!

② ZU SPÄT! JA, TUT MIR LEID... GUT, ALSO DEN OFEN AUF WIE VIEL GRAD? 180 BIS 200 °C, OKAY... ALLES KLAR, ICH SALZE UND PFEFFERE DAS VIEH... JA, EIN ODER ZWEI THYMIANZWEIGE REIN... WAS? OB ICH AUCH <u>INNEN</u> SALZE UND PFEFFERE? SELTSAM, ABER OKAY, EINVERSTANDEN... UND ICH SCHÜTTLE DAS PERLHUHN WIE EINEN COCKTAILSHAKER?

— WARTE, DAS GANZE FETT ÜBERALL!
— OKAY, ERLEDIGT.

③ FETTIGE FINGER? DAS IST NORMAL, DU HÄTTEST DAS INNERE ZUERST SALZEN UND PFEFFERN SOLLEN, GELLE? KAUF DIR DOCH EINFACH DEMNÄCHST EIN HIRN! JA... NEIN, JETZT GEHT'S WEITER: DU BRÄTST DAS PERLHUHN UNGEFÄHR EINE DREIVIERTELSTUNDE IN ETAPPEN. ZUERST EINE VIERTELSTUNDE AUF EINEM SCHENKEL, DANN EINE VIERTELSTUNDE AUF DEM ANDEREN... UND ZUM SCHLUSS AUF DEM RÜCKEN... WAS? NEIN, DU GIBST DEIN PERLHUHN IN EINE FORM, NICHT AUF DEN GRILL! HAST DU ETWA NOCH NIE EIN HUHN GEMACHT?! UND DU ÜBERGIESST ES AB UND ZU MIT DEM SAFT, DEN ES ABGIBT.

— JA, IM OFEN.

4 OKAY, JETZT GEHT'S AN DIE FÜLLUNG... SAU. ALSO, ICH SCHNEIDE DIE LEBER? IN KLEINE WÜRFEL, SCHON PASSIERT! HM? NEIN, VERGISS ES... UND ICH... ZISELIERE DIE SCHALOTTEN? DAS HEISST... OKAY, IN KLEINE STÜCKE! KLEIN WIE WAS? AMEISEN? GEHT KLAR! DANN ERHITZE ICH ZWEI ESSLÖFFEL FETT IN EINER PFANNE.
WARTE, ICH NEHM DIE PFANNE...
TCHAK TCHAK
5 WENN DEINE PFANNE SEHR HEISS IST, TUST DU DIE LEBER REIN, NUR KURZ REIN UND WIEDER RAUS, OKAY? BLUTIG, GENAU! DU GIBST DIE ZIS... DIE IN AMEISENGRÖSSE GESCHNITTENEN SCHALOTTEN DAZU, BEEIL DICH, UND DANN GIESST DU DEN COGNAC DAZU UND FLAMBIERST!
DANACH VERMISCHST DU ALLES.
NA, MIT EINEM MIXER!
HALLO? HALLO?
IST WAS PASSIERT?
6 NEIN, ICH MIXE. JA, JA, ES GEHT, DAS PERLHUHN IST NICHT ANGEBRANNT. GUT, UND DANN MACHE ICH VO DEM BROT DIE RINDE AB? UND WAS MACH ICH DANN MIT...? OKAY, DA PFEIFEN WIR DRAUF.
VRRRRRRR
OKAY, ES SOLL EIN TOASTZIEGELSTEIN WERDEN...
7 VON MIR AUS... TOASTZIEGELSTEIN, DER SOLLTE ÜBRIGENS CA. 15 CM LANG UND 6 CM HOCH WERDEN, SCHNEID IHN ZU WIE EIN BOOT... MIT EINEM MESSER, DU IDIOT! NEIN, ICH MACH DICH NICHT AN... JA... GUT, DIESES BOOT BRÄTST DU DANN IN DER PFANNE MIT ETWAS BUTTER AN... WAS? WIE DU ES IN DIE PFANNE...? HAST DU KEINE VIERECKIGE FISCHPFANNE?!
AHA.
OKAY.
8 ICH KRIEG DAS SCHON HIN... NICHT JEDER MENSCH BESITZT EINE FISCHPFANNE... SAU... UND DANN BESTREICHE ICH DAS BOOT MIT DER PÜRIERTEN LEBER... HM... HMM... UND DANACH? OKAY, WENN DAS PERLHUHN DURCH IST, ÜBERBACKE ICH DAS BOOT FÜNF MINUTEN IM HEISSEN OFEN UND SETZE DEN VOGEL OBENDRAUF?
WOW, DAS SIEHT BESTIMMT GUT AUS!
JA, DAS IST EIN SUPERKLASSISCHES REZEPT... DAS BOOT DIENT DEM PERLHUHN ALS SOCKEL, DANN LIEGT ES BESSER DA, WENN DU ES AUF EINEN TELLER TUST. SONST WÄRE DAS WEGEN SEINES UNGERADEN RÜCKENS EINE WACKELIGE ANGELEGENHEIT! JA, ZIEMLICH VERRÜCKT!
SOLL ICH JETZT MAL VORBEIKOMMEN?
NEIN, NICHT ZUM HELFEN, WEGEN DES SCHWIMMBADS NATÜRLICH!
AHA!
lon.

„Jean-Kevin und die Nudeln Carbo"
ICH BIN'S
ICH ERZÄHL GLEICH WAS!
MODUS GEHEIM-STORY AUF „ON".
UNMENGEN VON TUSSIS HAB ICH MIT DIESEM GERICHT SCHON RUM-GEKRIEGT!!!
ICH ZEIG SIE EUCH AUF MEINEM IPHONE.
NENNT MICH KÖNIG CARBO!
ALSO!!!
NA? NA?
NICHT SCHLECHT, ODER?
DA MUSS MAN NICHT GERADE BRECHEN, ODER?
ZUR SACHE
NUDELN CARBO SIND NICHT IRRE KOMPLIZIERT, ABER MAN MUSS DIE SACHEN SCHÖN DER REIHE NACH ANGEHEN...
DIE SPAGHOUTTEN SIND SCHON DRIN...
BEIM ESSEN HAT DAS DANN WAS VON „DIE SCHÖNE UND DER PENNER"
ZEHN MINUTEN, STEHT AUF DER PACKUNG.
DANN MUSS MAN IRGENDWIE ÖL IN DER PFANNE HEISS MACHEN.
NICHT ZU VIEL, DIE TUSSEN KRIE-GEN EINEN ZU VIEL, WENNS NACHHER ZU FETT WIRD.
TSHHHHH
WENNS HEISS IST: EINE ZWIEBEL IN MIKROSKOPISCH KLEINE WÜRFEL SCHNEIDEN...
WEGEN DER SPECKWÜRFEL MACH ICH MIR KEI-NEN STRESS, DA NEHM ICH EINE PACKUNG FERTIG GEWÜRFELTE...
HEUL, HEUL!
DIE SIND SCHON VORGE-WÜRFELT.

Jean-Kevin und das B.K.C.

1: Jetzt die Zwiebeln und den Speck schön in der Pfanne braten.
Nach zehn Minuten die Spaghoutten abgiessen...
Ja, ja!
Man muss mitdenken

2: Dann musst du Eier aufkloppen, weil die People sie gerne auf dem Speck haben
Aber nur das Gelbe, den Rest balancierst du
Kaputt!
Und zwar freestyle!

3: Und jetzt der Hammer:
Ein ordentlicher Schuss flüssige Sahne!
Yippiee!
Das macht die Carbo schön sämig
Das machst du besser nicht, wenn die Tussi da ist!

4: Jetzt nur noch, rummsdi-bummsdi, deine Sauce über die Nudeln giessen...
Ein bisschen Gruyère drüber und
DING DONG
Wartet... jetzt kommt die Demoversion Carbo mit Cindy

5: Buongiorno, wir sind vom B.K.C.
Der Bibici! Mann, wie geil ist das denn?
Che stronzo
Nein
Das Büro zur Kontrolle der Carbonara

6: Bastardo!
WOUF
Portatelo in ufficio!
Und was habt ihr jetzt vor?

DER Jean-Kevin PROZESS
WO… BRINGT IHR MICH HIN?
BKC
BRUUUMMM
SEAN-KEVIN, SIE SIND DERZEIT IN DER HAND DES B.K.C., AN EINEM GEHEIM GEHALTENEN ORT, DEN SOWIESO NIEMAND KENNT. NIEMAND KANN SIE SCHREIEN HÖREN, NIEMAND WIRD IHNEN ANTWORTEN…
WIR WERDEN IHNEN GLEICH EINE REIHE VON ILLUSTRIERTEN BEHAUPTUNGEN VORFÜHREN. DIESE KOMMENTIEREN SIE MIT „RICHTIG" ODER „FALSCH". WENN NÖTIG, KORRIGIEREN WIR SIE.
MANN, DAS TRÄUM ICH VOLL, ODER?
WARUM BIN ICH ANGEBUNDEN UND SO?
NIEMAND WIRD IHNEN ANTWORTEN
GUT… HIER KOMMT BEHAUPTUNG NR. 1
1
„DIE NUDELN KOCHE ICH MIT DER STOPPUHR"
IST DAS FÜRS FERNSEHEN ODER SO?
RICHTIG ODER FALSCH?
NA, RICHTIG. SONST WERDEN DIE NUDELN DOCH MATSCHIG
FALSCH MIT DER STOPPUHR STOPPT MAN EINEN LÄUFER, KOCHENDE EIER ODER EINEN APNOETAUCHER. BEI KOCHENDEN NUDELN ENTSCHEIDET DER GERUCH, MAN FÜHLT ODER PROBIERT, OB SIE FERTIG SIND:
ISS'N DAS DA LINKS?
'NE NASE?
DAS SIND ALLES SPASSZEICHNUNGEN, ODER?
VOLL HÄSSLICH, DAS ZEUG!
KONZENTRIEREN SIE SICH… UND ANTWORTEN SIE:
2
„DIE SPECKWÜRFEL BRATE ICH IN ÖL AN"
DIE LINKE ARMSCHELLE JUCKT
DU KANNST NICHT…
FALSCH
EIN SPECKWÜRFEL IST PER DEFINITION EIN KLEINES STÜCK SPECK, DAS HAUPTSÄCHLICH AUS FESTEM FETT BESTEHT, WODURCH KEINE NOTWENDIGKEIT BESTEHT … ZUSÄTZLICH WÄ… GUT.
EY, ICH HAB JA NOCH GAR NICHT GEANTWORTET!
DAS NERVT!
ÄÄH… NÄCHSTES BILD:
3
ICH VERWENDE EINE PACKUNG SPECKWÜRFEL FÜR MEINE CARBONARA

MOMENT... IRGENDWIE HAB ICH HALLUS!
DU VERSCHEISSERST MEIN REZEPT!
DU VERSCHEISSERST MEINE CARBONARA!!
FALSCH ES IST EIN RIESENUNFUG, DIESE KLEINEN ROSA WÜRFEL AUS GUMMI ZU VERWENDEN, DIE UNTER DEM NAMEN „SPECKWÜRFEL" FÜR DIE HERSTELLUNG VON CARBONARA VERKAUFT WERDEN, ABER MAN KANN SIE ERFREULICHERWEISE DURCH PANCETTA ERSETZEN:
EY, IRGENDWIE INTERESSIERT MICH DEIN SCHEISS NICH...
ICH HAB MILLIONEN TUSSEN DAMIT KLARGEMACHT
ALSO GUT...
WEITER. DIE BILDSCHIRMAUFLÖSUNG IST JA NICHT BESONDERS.
4
„ZWIEBELN IN DER CARBONARA KOMMEN GUT"
TJA, NUN... NICHT FALSCH
OH! J...JA, DAS IST RICHTIG!
IMMER NUR „FALSCH" IS JA AUCH MIST!
HU HU
AB... NEIN, ICH...
E...ER MACHT SICH ÜBER UNS LUSTIG!
CHE COGLIONE!
KR KR KR
GIB MIR DAS MIKRO!
MAN BRAUCHT KEINE ZWIEBEL, MAN BRAUCHT KNOBLAUCH, FIGLIO DI PUTTANA!!
WOW!!
'NE ART TWILIGHT-KNOBLAUCH?
DAS IST ECHT COOL!!
SO, DENKEN S... OKAY, NÄCHSTES BILD
5
„EIWEISS IST NÜTZLICH"
im Gegensatz zu Jean-Kevin
RICHTIG DAS EIWEISS HÄLT SICH IM KÜHLSCHRANK MEHRERE STUNDEN UND WIRD FÜR DIE HERSTELLUNG VIELER DESSERTS GEBRAUCHT.
MISSBRAUCH...
ICH HAB GESEHEN, WAS ICH GESEHEN HAB, UND DU?
ICH BIN GENUG BELEIDIGT WORDEN!
BINDET MICH LOS!
6
„DIE SAHNE MACHT DIE CARBONARA CREMIG"
DAVON TRÄUMST DU!

Jean-Kevin und das B.K.C.

Jean-Kevin und das B.K.C.

SPAGHETTI alla CARBONARA B.K.C.

SEIT 1869

BÜRO ZUR KONTROLLE DER CARBONARA

GUANCIALE ODER PANCETTA

SALZ

PFEFFER

PECORINO ODER PARMESAN

SPAGHETTI

EIER

KNOBLAUCH

① BRINGEN SIE IN EINEM GROSSEN TOPF SALZWASSER ZUM KOCHEN (1 LITER PRO 100 GRAMM NUDELN), GEBEN SIE DIE SPAGHETTI DAZU UND BEACHTEN SIE DIE KOCHZEIT*

* ETWA WIE AUF DER PACKUNG ANGEGEBEN

② SCHNEIDEN SIE DEN PANCETTA IN FEINE STREIFEN

EBENSO DEN KNOBLAUCH, NACHDEM SIE IHN GESCHÄLT UND DEN KEIM ENTFERNT HABEN

③ ERHITZEN SIE DEN PANCETTA IN EINER SEHR HEISSEN PFANNE UND RÜHREN SIE GUT UM

GEHEN SIE AUF KLEINERE FLAMME UND GEBEN SIE DEN KNOBLAUCH DAZU, ACHTEN SIE DARAUF, DASS ER NICHT ANKOKELT. LASSEN SIE ALLES ETWAS KÖCHELN UND STELLEN SIE ES WARM.

④ SCHLAGEN SIE DIE EIER (EINS PRO PERSON) MIT ETWAS GERIEBENEM PECORINO IN EINER SCHÜSSEL AUF

SIE SOLLTEN NUR DAS EIGELB VERWENDEN. BENUTZEN SIE DAS EIWEISS ZUM BACKEN ODER UM EINE MAYONAISE LEICHTER ZU MACHEN.

⑤ WENN DIE NUDELN „AL DENTE" SIND, GIESSEN SIE SIE AB UND GEBEN EIN WENIG VOM KOCHWASSER (UNGEFÄHR ZWEI ESSLÖFFEL PRO EI) ZU DEN GESCHLAGENEN EIERN. VERRÜHREN SIE DIE MISCHUNG GUT (SIE WIRD DAS GERICHT SCHÖN CREMIG MACHEN.)

⑥ VERMISCHEN SIE DIE NUDELN, DEN PANCETTA UND DIE EIER UND SERVIEREN SIE ALLES HEISS MIT GERIEBENEM PECORINO. BITTE GROSSZÜGIG PFEFFERN.

Jean-Kevin und das B.K.C.

Panel 1:
- WOOOW, ICH GLAUB'S NICHT!
- IRGENDWIE KEINE SAHNE?
- DIE IRREN TUN DA GUACAMOLE DRAN!
- DAS REZEPT IST VIELLEICHT DER BRINGER FÜR SCHWALLEN AUF DIÄT!

Panel 2:
- DAS IST ECHT TRAURICH MIT DEM DING!
- ECHT JETZT, WIR LEBEN DOCH NICHT IM 18. JAHRHUNDERT!
- MAN MUSS DOCH ZWISCHENDURCH MAL UPGRADEN!
- KNITTER

Panel 3:
- ICH SOLLTE MAL WIEDER AUF DEN CAMPUS
- REIN IN DEN KORB, DREI PUNKTE! TAKE THAT!
- JIKEV STYLE!

EPILOG

Panel 4:
- HAHA, TOTAL IRRE STORY, WAS?
- DIE ENTFÜHRUNG HAT MICH GANZ SCHÖN MITGENOMMEN... IRGENDWIE KÖNNT ICH 'NEN SEELENKLEMPNER UND SO BRAUCHEN!

Panel 5:
- ECHT, ALTA
- LOL IST DAS NICHT
- GUT, ICH HAB'S DANN AUCH MAL OHNE SAHNE PROBIERT, WIE DIE ALTE SCHACHTEL DA, ICH KANN EUCH SAGEN...
- REMEMBER UND SO

Panel 6:
- JETZT, BABY, SIND WIR AUF EINEM ANDEREN LEVEL!
- HIMMEL UND HÖLLE, SEANKEV HAT DIE CARBO DRAUF!
- HAU REIN, BABY!
- CHE CARINO...
- HALLO? IST DAS KRASS?

lon.

ICH WEISS NICHT, WIE'S IHNEN GEHT, ABER ZUM APERO KNABBERE ICH GERN EIN BISSCHEN GETROCKNETE ENTENBRUST. FRÜHER HAB ICH IMMER DIESELBE MARKE GENOMMEN.
EINES TAGES HAB ICH MIR MAL DEN KILOPREIS VON DEM ZEUG ANGESEHEN…
KÖNNEN SIE DAS ETIKETT LESEN?
JAWOHL!
55 EURO DAS KILO!
UND ICH ZÖGERE SCHON BEIM WOLFSBARSCH IM FISCHLADEN!
ALSO HAB ICH MICH DARAN GEMACHT, DAS ZEUG SELBST HERZUSTELLEN. IST SUPEREINFACH! UND NATÜRLICH BESSER!
ENTENBRUST KOSTET 15 EURO DAS KILO, ABER HALLO!
Ein Verfahren für die Mumifizierung von Nahrungsmitteln – das will ich sehen…
(HOWARD CARTER)
Aber… das ist wirklich zu gut!!
ENTE MUMIFIZIERT
HUUU HUUUU
Eine rohe Entenbrust
Grobes Salz aus der Ewigkeit (400 G)
SEL
Mullbinden
Verwunschene Gewürze
VALLE-MAGGIA-PFEFFER
SCHWARZER PFEFFER
BUNTE PFEFFERMISCHUNG
SZECHUAN-PFEFFER
WAS WAR DAS NOCH?
ESPELETTE-PFEFFER
1 IN EINEM MÖRSER ETWAS SZECHUAN-PFEFFER ZERSTOSSEN UND MIT DEM GROBEN SALZ DER EWIGKEIT VERMISCHEN:
DANN BASTELN SIE EINEN KLEINEN SARKOPHAG IN DER GRÖSSE IHRER ENTENBRUST (GIBT ES BEI IKEA© ALS SUPERPRAKTISCHEN BAUSATZ)
SÅRKOVAR
(FUNKTIONIERT ABER AUCH MIT EINER TUPPERWARE©-DOSE) FÜLLEN SIE IHN MIT GROBEM SALZ, LEGEN SIE DIE ENTENBRUST DRAUF UND BEDECKEN SIE SIE MIT DEM VERBLEIBENDEN SALZ:
2 STELLEN SIE DEN VERSCHLOSSENEN ~~SARKO~~ DIE TUPPERWARE©-DOSE AN EINEN KÜHLEN, TROCKENEN ORT UND LASSEN SIE SIE DORT VIERUNDZWANZIG STUNDEN RUHEN:
(NOCH MUMIFIZIERT NICHTS)
Z Z
DANN HOLEN SIE DIE ENTENBRUST AUS DER DOSE, SPÜLEN SIE GRÜNDLICH UNTER KALTEM WASSER AB UND WISCHEN SIE MIT HAUSHALTSPAPIER TROCKEN:
SIEHT ETWAS ELEND AUS
SODANN WÜRZEN SIE SIE GROSSZÜGIG (PFEFFER WIRKT ANTISEPTISCH) MIT ALLEM, WORAUF SIE LUST HABEN: BUNTE PFEFFERMISCHUNG, ESPELETTE-PFEFFER, SCHWARZER PFEFFER, WAS WEISS ICH?
Ich nehme Valle-Maggia-Pfeffer, ein Gewürz, das mir meine Freundin Adrienne Barman aus dem Tessin (Schweiz) mitgebracht hat
3 UMWICKELN SIE DIE GEWÜRZTE ENTENBRUST MIT MULLBINDEN*, UM DEN PROZESS DER MUMIFIZIERUNG EINZULEITEN. EIN SAUBERES KÜCHENHANDTUCH TUT'S AUCH, IST ABER WENIGER AUTHENTISCH:
MIT MULLBINDEN
MIT KÜCHENHANDTUCH
(* 5 EURO DIE GROSSPACKUNG IM DROGERIEMARKT)
VERGESSEN SIE IHRE MUMIE FÜR ZWEI BIS DREI WOCHEN IM KÜHLSCHRANK (GEMÜSEFACH), UND EINES SCHÖNEN TAGES…
KROÏÏN KROÏÏN
ZEIT FÜR DEN APEROOO
VIEL VERGNÜGEN UND GUTEN APPETIT!
Lon.

Risotto à la Butternut

Risotto à la Butternut

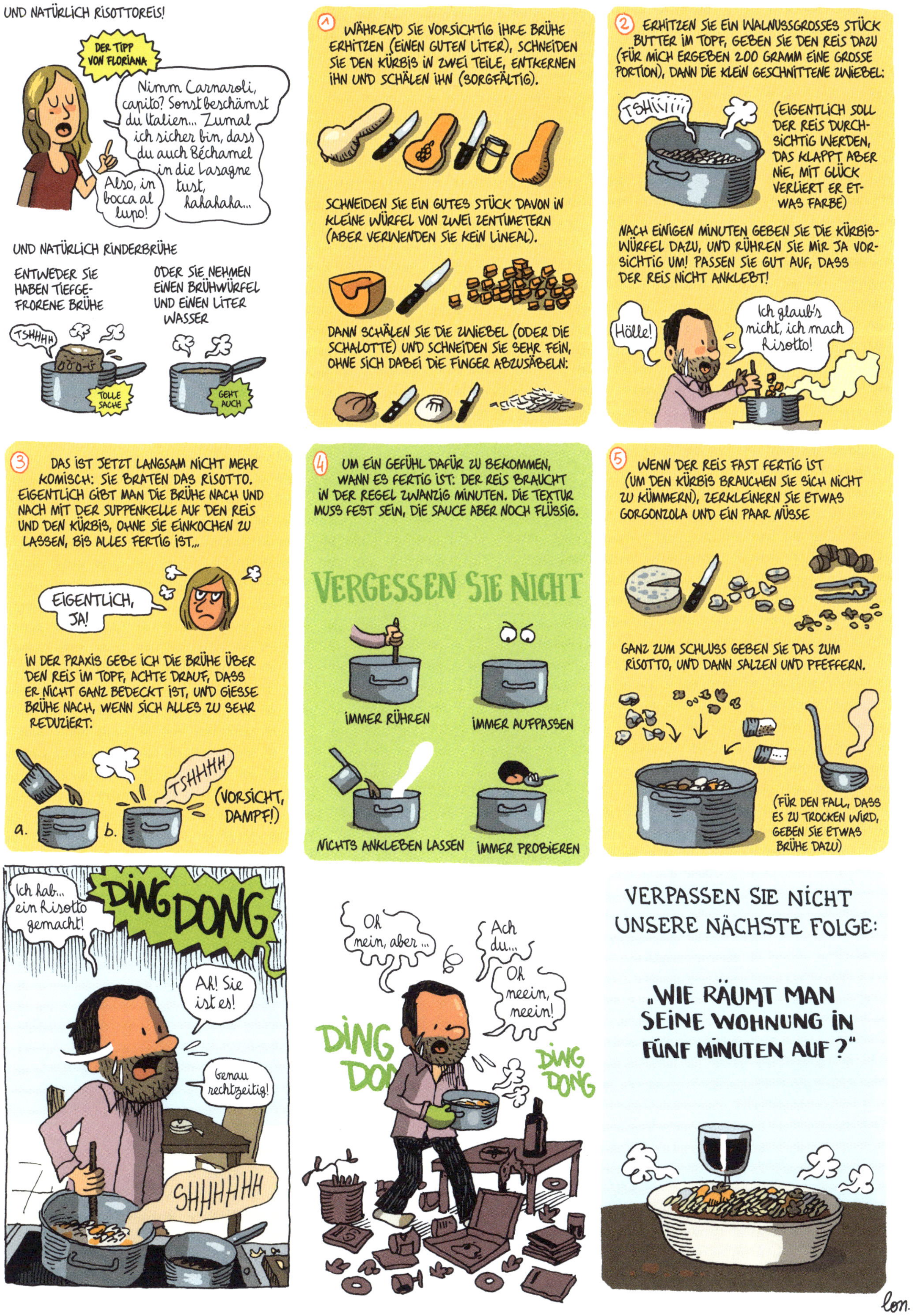

Die guten Tipps von Pépé Roni: Spinne — n° 810

Verwechsle nie: »Spinne« ... und »Spinne«

"WEIL SICH JEDER MAL IRREN KANN!"

Spinne: Küchengerät aus rostfreiem Stahl, das man verwendet, um Frittiertes aus dem heißen Öl zu holen.

Ein Tag im Radio

Aus Anlass des Erscheinens meines ersten Kochbuchs „Kann denn Kochen Sünde sein?" wurde ich am 22. Januar 2012 in François-Régis Gaudrys Sendung „On va déguster" eingeladen.

IN DER SPÜLKÜCHE VON france inter

MANN, FRANCE INTER! DER SENDER, DEN ICH IMMER BEIM ARBEITEN HÖRE!

ICH GLAUB'S NICHT! ICH KOMM INS RADIO!

DAS KOMMT ÜBERRASCHEND!

(FRANCE INTER)

IN WIRKLICHKEIT KAM DAS ALLES NICHT GANZ UNERWARTET. GENAU GENOMMEN WAR ES DREI MONATE VORHER KLAR...

MONSIEUR GALLIMARD

ALSO, FÜR DAS VORWORT BRAUCHEN WIR EINEN RICHTIG POPULÄREN NAMEN!

DU WEISST SICHER EINEN.

TJA, ALSO ICH HÄTTE GERN

HAHA! NEIN, ICH DACHTE EHER AN FRANÇOIS-RÉGIS GAUDRY!

WAS?

ER ARBEITET BEI FRANCE INTER UND IST QUASI VERPFLICHTET, DICH IN SEINE SENDUNG ZU HOLEN.

OKAY.

EINE HAND WÄSCHT DIE ANDERE, DAS GESETZ DES MARKTES, KLEINER.

DANKE, DASS SIE MIR DIE WAHL LASSEN.

Wirklich toll! Ich bin eingeladen von dem Typen, der das Vorwort zu meinem Buch geschrieben hat, und bin sehr froh darüber. Monsieur Gallimard auch.

DAS INTERVIEW MIT FRANÇOIS-RÉGIS WURDE AM TELEFON VORBEREITET. ER HAT DIE STIMME EINES 45-JÄHRIGEN, ER IST ALSO NUR ZWEI JAHRE ÄLTER ALS ICH!

Sehr gut. Das mit Pépé ist rührend. Die erzählst du in der Sendung.

Über wen wir nicht reden sollten, ist Nicola.

GOTT! ICH BIN DABEI, FANÇOIS-RÉGIS ZU DUZEN!

GUT. WIE DU MEINST.

JA, KEIN PROBLEM!

Gut. Und möchtest du während der Sendung was kochen?

NEIN!

Prima, und was machst du? Was Kaltes?

ICH WEISS NICHT... ÄH... VIELLEICHT LACHSTATAR MIT SCHWARZEM RETTICH?

Sehr gut! Dann also bis sehr bald!

ABER DAS IST EIN REZEPT MEINER

Bis sehr bald, Guillaume

MEINE MUTTER REALISIERT, DASS ICH IM RADIO AUFTRETE. UND DASS ICH KOCHEN MUSS. IHR REZEPT.

"WAS... WAS?"
"MEIN SOHN IM RADIO?"
"OH, LÀ, LÀ, LÀ, LÀ, LÀ! UND WER KOCHT?"
"WART MAL, WIR WISSEN NICHT, OB MEIN REZEPT FUNKTIONIERT!"
"UND ES IST NICHT MEIN REZEPT!"
"OH, LÀ, LÀ, LÀ, LÀ, LÀ! NICHT DASS DU ES VERMASSELST!"

SIE IST WIE ICH (LETZTLICH UMGEKEHRT). WENN SIE WEISS, DASS SIE FÜR SECHS KOCHEN MUSS, GERÄT SIE IN UNMÖGLICHE ZUSTÄNDE...

"GUT."
"DU WIRST EIN PAAR TAGE ZU HAUSE BLEIBEN. UND WIR WERDEN TRAINIEREN."

... STELLEN SIE SICH VOR, WAS LOS IST, WENN IHR KLAR WIRD, DASS IHR SOHN FÜR 9560353421237578?564 ZUHÖRER KOCHEN WIRD...

Sie kauft 5 verschiedene Lachse und 7 schwarze Rettiche, wie ich bei meiner Ankunft feststelle...

"huhu"
"Du zeichnest deine Mutter? Bloß nicht!"
"MAMA, DU WEISST GENAU, DASS ICH NICHT ÜBERTREIBE, WENN ICH DICH ZEICHNE... BEI DIR MUSS MAN NICHTS DAZUERFINDEN. DU BIST EINE PERSÖNLICHKEIT."

Die Idee ist, dass jeder von uns eine andere Version vom Lachstatar mit schwarzem Rettich macht und wir sie vergleichen. Das bessere Rezept gewinnt:

"♪ MEIN BRETT IST BESSER ALS EINE FRAU ... ♪"
"... ES IST FLACH, ABER WENIGSTENS NETT"
TSCHACK TSCHAK TSCHAK
SPLITZ

Wir probieren also Marinaden aus:
Grüne Zitrone/Olivenöl, Erdbeeressig/Mussöl, Sojasauce/Olivenöl...
Wir entwickeln Mischungen von buntem Pfeffer/Reisessig/Zucker und schließlich haben wir das Rezept, das von 29560349 Zuhörern gehört werden wird:

"Nicht so laut, Mama..."
"Schwarzer Rettich in Sicht!"

LACHSTATAR MIT SALAT VOM SCHWARZEN RETTICH

SIE BRAUCHEN (FÜR ZWEI PERSONEN) FOLGENDE ZUTATEN:

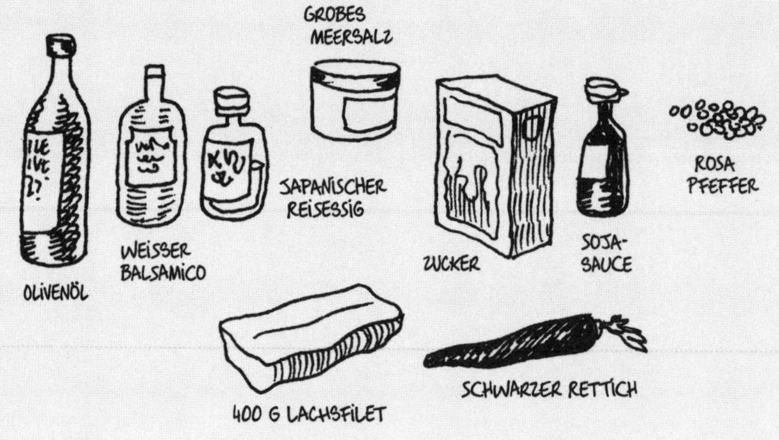

OLIVENÖL – WEISSER BALSAMICO – JAPANISCHER REISESSIG – GROBES MEERSALZ – ZUCKER – SOJASAUCE – ROSA PFEFFER – 400 G LACHSFILET – SCHWARZER RETTICH

① SCHNEIDEN SIE DEN LACHS IN SEHR KLEINE WÜRFEL

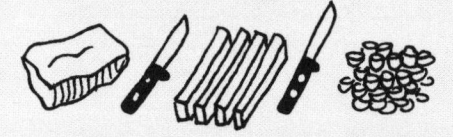

IN EINEM TIEFEN TELLER VERMISCHEN SIE 4 ESSLÖFFEL OLIVENÖL, 2 EL REISESSIG, 1 EL ZUCKER UND 1 EL SOJASAUCE, UND MARINIEREN DARIN DEN LACHS EINE STUNDE IM KÜHLSCHRANK:

(OKAY, DAS IST ZEICHNERISCH WIRKLICH KEINE HERAUSFORDERUNG)

② SCHÄLEN UND ZERLEGEN SIE DEN SCHWARZEN RETTICH MIT DEM SPARSCHÄLER (ES SOLLTE EINE ART VON BANDNUDELN DABEI HERAUSKOMMEN)

GEBEN SIE DIE MENGE IHRER WAHL AUF EINEN TELLER UND GIESSEN SIE OLIVENÖL UND DEN BALSAMICO DARÜBER:

(DAS REZEPT ZEICHNET SICH ENTSCHIEDEN EINFACH)

③ VOR DEM SERVIEREN SALZEN SIE DEN SCHWARZEN RETTICH. NEHMEN SIE DEN MARINIERTEN LACHS AUS DEM KÜHLSCHRANK (SIE MÜSSEN NICHT DIE GANZE MARINADE MITSERVIEREN) UND BRINGEN SIE DEN LACHS UND DEN RETTICH AUF EINEM TELLER ZUSAMMEN (ES FUNKTIONIERT)

(MIT DEM ROSA PFEFFER DEKORIEREN)   DAS WAR ALLES

VERDAMMT, DIE 245689103543 ZUHÖRER VON FRANCE INTER WERDEN DENKEN, ICH BIN NICHT GANZ DICHT...

Das Ding ist, dass ich mit dem Fisch von Genf nach Paris muss. Also muss ich eine kleine Kühltasche mitnehmen, und die einzige, die meine Eltern besitzen, sieht ungefähr so aus:

WIR HABEN KEINE ZEIT, EINE ANDERE ZU KAUFEN!

DIE KANN ICH NICHT NEHMEN, MUTTI!

WARUM?

STÖRT DICH DAS MIT DER SCHWEIZ?

ICH WAS ICH

VIEL SCHLIMMER WÄR DOCH, WENN DIE LEUTE DENKEN, DU ARBEITEST BEIM ROTEN KREUZ!

IM ZUG VERSUCHE ICH, EINE STRATEGIE ZU ENTWICKELN, WIE ICH FRANCE INTER DAZU ZWINGEN KANN, WÄHREND EINER DER MUSIKPAUSEN EIN CHANSON MEINER FREUNDE VON ANGIL ZU SPIELEN...

Ich sag ihnen, dass es viel besser ist, als wenn sie Zaz oder Coeur de Pirate spielen!

Ich sage, dass ich sonst die Sendung nicht mache

Nein, damit trete ich ihnen auf den Schlips.

Nein, das kann ins Auge gehen.

NACH DER ANKUNFT IN PARIS ENTSPANNE ICH BEI EINEM KLEINEN KAFFEE FÜR 4,50 EURO, BEVOR ICH ZU FRANCE INTER SPAZIERE.

OHNE ZWEIFEL EIN GROSSER JAHRGANG

NICHT ZU VIEL STRESS? KUSS, MAMA

TROTZDEM: ALS ICH VOR DEM GEBÄUDE DES SENDERS ANKOMME, BIN ICH IN DER STIMMUNG, MIR IN DIE HOSE ZU PINKELN.

SOWIE ICH DA BIN, VERLANGE ICH, CHEWBACCA (MUSIKALISCHER PROGRAMMLEITER BEI FRANCE INTER) ZU SPRECHEN, UND VERSUCHE, IHN DAVON ZU ÜBERZEUGEN, DASS ER WÄHREND DER SENDUNG ANGIL SPIELT:

HAAAWRRWR!

Aber bitte, Chewi, schau mal

HAAUR!

Ich schenk dir einen Rasenmäher

Regentropfen

Du sagst kein Wort zu Jean-Luc Hees, dann schenk ich dir den restlichen Lachs!

FRANCE INTER ALSO! ~~LOUIS BOZON~~, REBECCA MANZONI, ~~FRÉDÉRIC BONNAUD~~, ~~DIDIER PORTE~~, BERNARD LENOIR, DANIEL MERMET, ~~JEAN-MARC FOUR~~, ~~ÉRIC LANGE~~ UND JETZT... OKAY EIN RIESENUNTERSCHIED!

DOCH CHEWBACCA IST UNERSCHÜTTERLICH.

Da ich mehr als pünktlich da war, warte ich auf einem Sofa vor dem Studio auf die Aufzeichnung. Elvira Masson, Moderatorin der Sendung, macht dort gerade ein Nickerchen, deshalb traue ich mich nicht, Lärm zu machen.

ICH HOFFE, ES GEHT DIR GUT. MAMA

ZZZZZZZ

So sitzen wir da und es ist seltsam... man könnte uns für ein altes, gut aneinander gewöhntes Paar im Wohnzimmer halten...

UND DIE SENDUNG BEGINNT:

ELVIRA MASSON: Ihr hättet mich wecken müssen! Eine Schande!

FRANÇOIS-RÉGIS GAUDRY: Tach. Nicht vergessen: wir tun so, als wär Sonntag, gelle?* Und zeichne mich nicht, ich muss inkognito bleiben.**

DOMINIQUE HUTIN: Sorry wegen des Pyjamas! Komme vom Jogging. In Wirklichkeit hab ich keinen Schnurrbart. Das soll nur lustig aussehen!

ÉTIENNE DAVODEAU: Mist. Ich weiss nicht mal deinen Job.

---

* Tatsächlich hab ich geschworen, es nicht zu verraten, aber die Sendung wurde vor dem Sendetag aufgezeichnet, weil Étienne sonst nicht hätte kommen können.

** Tatsächlich hab ich François-Régis dann doch gezeichnet, weil mir einmal gesagt wurde:

> Du kannst zeichnen, wen du willst, eine Zeichnung von dir ist eine Anonymitätsgarantie!

(Lionel R., Comiczeichner)

Am Anfang wurde ein Auszug aus dem Buch vorgelesen:

„So ein Spaziergang durch die Stadt kann für einen einsamen Gourmet ganz schön gefährlich weil Wohlger... manchmal ganz schön..."

— Von wem ist das?
— Oh, Mist!
— Guillaume erkennt seinen Text nicht wieder...
— HAHA! HAHA!
— HUHU!
— VERDAMMT!

Im Prinzip läuft die Sendung gut.

— Ihr Buch ist also vor drei Tagen erschienen?
— Nein, es erscheint heute... Äh nee, klar, vor drei Tagen, genau!

sliksuk slik

SONNTAG!

Ich koche und beantworte Fragen...

Étienne redet sehr schön über sein Buch:

> Oh, das Zeichnen ist nur ein Werkzeug. Ich bin jemand, der in erster Linie Geschichten erzählen möchte.

(Später rausgeschnitten, sie hatten zehn Minuten zu viel aufgezeichnet)

Dominique entkorkt Flaschen und gibt während der Musikpausen den Pausenclown:

♪ Colore la foule en chair de poule et la foule... ♪

— HAHA! Wir Unschuldigen müssen zusammenhalten!
— Dieser Chewie allerdings, oh, là, là!

PLOP

NACH EINER WEILE KOSTET FRANÇOIS-RÉGIS MEIN GERICHT:
Ich versichere unseren 243657852166 Zuhörern:
Es schmeckt sehr gut!
Wirklich gut!
(MONSIEUR LONG HINSICHTLICH SEINES GERICHTES BESTÄRKEN, ES GUT FINDEN UND EIN BISSCHEN DRAUF INSISTIEREN)
DOMINIQUE GIBT MIR EIN BIER ZUM PROBIEREN, UND ICH MUSS MIR MAL WIEDER WAS EINFALLEN LASSEN, UM NICHT WIE DER TYP DAZUSTEHEN, DER KEIN BIER MAG:
Nicht schlecht, schmeckt irgendwie gar nicht nach Bier
Was mögen Sie denn nicht an Bier?
Dass es bitter ist
Aber Sie mögen doch Kaffee
Ich sterbe, das ist irgendwie echt sauer
Wissen Sie, Elvira, ich bin nun mal ein Typ voller Widersprüche.
SPÄTER RAUSGESCHNITTEN
BEVOR ICH GEHE, BEDANKE ICH MICH BEI FRANÇOIS-RÉGIS FÜR DIE EINLADUNG UND FÜR DIE TOLLE ZEIT MIT DEM GANZEN TEAM:
Ah, ein Compté, wie nett!
FÜR SIE
Echt, Guillaume, wenn du wieder mal in Paris bist, gehen wir schön essen!
KEIN MENSCH HAT EINE BEMERKUNG ÜBER MEINE KÜHLBOX GEMACHT. UMSO BESSER.
Scheiße!
Wenn das stimmt, hab ich sie alle umgebracht!
WASCH DIR DIE HÄNDE, BEVOR DU DEN LACHS ANFASST. IN DER METRO WIMMELT ES VON BAKTERIEN. KUSS, MAMA
AUF DER RÜCKFAHRT IM ZUG DENKE ICH ZURÜCK AN
?
Großer Gott!
Mein Mann hat einen Anfall!
Wir brauchen einen Arzt!
Da hinten sitzt einer vom Roten Kreuz!
Ich bin nicht vom
Helfen Sie meinem Mann!
Ich bin aber... kein
Machen Sie Ihr Köfferchen auf!
Das ist eine Kühl
Wo kommt dieser Fischgeruch her?
Monsieur, zeigen Sie mir mal Ihren Sanitäter-Ausweis!
lon.

Die guten Tipps von Pépé Roni: Piano — n° 245

Verwechsle nie: ein »Piano«

und ein »Piano«

"WEIL SICH JEDER MAL IRREN KANN!"

Piano: Bezeichnung für die übergroßen mehrflammigen Herde, wie sie in Profiküchen gebräuchlich sind.

Winter

Zum Verständnis: Wenn Sie gegen Mittag oder gegen 19 Uhr kommen, ist das Mindeste, was Sie zu Ihrem Kaffee bestellen sollten, ein Entrecôte mit Pommes. Schließlich steht draußen „Café – Restaurant" dran, nur einen Kaffee zu bestellen, ist also etwas armselig.

Zum Verständnis: Dass Sie für Ihren Kaffee doppelt so viel bezahlen wie anderswo, bedeutet nicht, dass er doppelt so gut ist. Es liegt einfach daran, dass Sie in Paris sind, falls Ihnen das noch nicht aufgefallen ist. Und draußen warten, nur zu Ihrer Information, jede Menge anderer Gäste.

Zum Verständnis: Bezahlen Sie Ihre Bestellung, sobald Sie am Tisch sitzen, und geben Sie nicht den Klugscheißer, denn Typen wie Sie, die das Bezahlen vergessen und einfach abhauen, kennt man zur Genüge.

Zum Verständnis: Erwarten Sie nicht, dass der Chef Ihnen ein Glas Leitungswasser spendiert. Wissen Sie überhaupt, was ein Glas Leitungswasser kostet? Und das kleine Schokoladentäfelchen, das so gut zu einem Kaffee passt, das können Sie gleich knicken.

Zum Verständnis: Es ist echt an der Zeit, dass Sie verschwinden, der Tisch muss sich schließlich irgendwie amortisieren.

lon.

APRIL 2027
ICH FASSE ZUSAMMEN… SIE ERZÄHLEN LOCKER VON IHREM WERDEGANG VOR DER KAMERA… DANN LENKEN WIR DAS THEMA AUF IHREN BESTSELLER.
HM-HM
HABEN SIE KEINE HEMMUNGEN,
EINFACH NUR „LONG" SEIN, WENN ICH DAS SO SAGEN DARF.
SEIEN SIE VOR ALLEM NATÜRLICH.
SIE DÜRFEN
WIR SCHNEIDEN SPÄTER
MAL SEHEN
ANALYSE
EINES ERFOLGES
HEUTE LERNEN WIR DEN AUTOR ZWEIER DER BEDEUTENDSTEN DENKMÄLER IN DER GESCHICHTE DES COMICS KENNEN: „WIE EIN FISCH IM ÖL" UND „DIE SARDINEN SIND FERTIG", ERSCHIENEN BEI VERTIGE GRAPHIC…
SLURRRP
ERFOLG… ICH REDE LIEBER VON, SAGEN WIR MAL, DEM „PHÄNOMEN" VON VERKAUFSZAHLEN IN DIESER HÖHE! ICH HAB DIE GENAUEN ZAHLEN NICHT IM KOPF, IRGENDWAS UM ZEHN MILLIONEN, JEDENFALLS KANN MAN SAGEN, DAS BUCH HAT SEINEN WEG GEMACHT…
SEI'S DRUM
J.K. ROWLING HAT MIR MAL ETWAS SEHR NETTES GESCHRIEBEN…
IN ETWA: „WENN ICH GEWUSST HÄTTE, WIE GUT SICH AUTOBIOGRAFIEN VERKAUFEN, HÄTTE ICH MICH NICHT MIT DEM GANZEN FANTASYQUATSCH HERUMÄRGERN MÜSSN"
AH… DIE AUTOBIOGRAFIE… VIELE HABEN ES IN DER FOLGE AUCH PROBIERT… ICH KANN SIE VERSTEHEN… WIE ALT WAR ICH? 24 JAHRE? ES WAR DAS ERSTE MAL, DASS ICH EINEN COMIC GEMACHT HABE.
ICH SEH'S NOCH VOR MIR, WIE ICH ZITTERND VOR MEINEM VERLEGER STAND… HAHA!
MHMHHH
LETZTLICH IST ER FÜR DIESEN ERFOLG VERANTWORTLICH, ER HAT MICH DAZU ÜBERREDET, IN MEINEN BÜCHERN HAUPTSÄCHLICH VON MEINEN JAHREN ALS KUNSTSTUDENT ZU ERZÄHLEN, OBWOHL DAS WIRKLICHE HAUPTTHEMA DES ORIGINALMANUSKRIPTS EIN ANDERES WAR:
DIE PUXISARDINOPHILIE
ICH DENK DARÜBER NACH
KÖNNTEN WIR AUCH DIE SARDINENBÜCHSE AUFS COVER NEHMEN?
AUTOBIOGRAFISCHER, KLAR
ANDERS AUSGEDRÜCKT: DAS SAMMELN VON SARDINENBÜCHSEN
HACH, DIESE SARDINEN… ICH BEGANN MIT DEM SAMMELN WÄHREND DES STUDIUMS… DIESES HOBBY WAR NICHT ALLZU TEUER, UND ICH WAR BESCHÄFTIGT.
IRGENDWANN BESASS ICH GUTE TAUSEND STÜCK… THUNFISCH, SARDINEN, MAKRELE, TINTENFISCH, EGAL. HAUPTSACHE, SIE WAREN MIT OLIVENÖL ZUBEREITET.
DIE BESTEN, MEINES ERACHTENS
DER ERFOLG DER BÜCHER HALF, UND DA ES IMMER WIEDER EIN PAAR ANDEUTUNGEN ÜBER MEINE WAHRE PASSION IN DIE GESCHICHTEN SCHAFFTEN, WURDEN MIR BALD SARDINENBÜCHSEN AUS DER GANZEN WELT ZUGESCHICKT!
SINGAPUR! GEIL…
WIRD DIE SAMMLUNG JE VOLLSTÄNDIG SEIN?
DAZUGEHÖRIGE FANPOST
PIERRE TCHERNIA, EIN GROSSER PUXISARDINOPHILER VOR DEM HERRN, BESUCHTE MICH SEINERZEIT OFT, UM ZU TAUSCHEN.
EINE AMIEUX VON 1916!
DIE IST MIR AUCH SCHON MAL UNTERGEKOMMEN
SIE IST LOCKER 2 CASSEGRAIN WERT!
WIR WERDEN SEHEN.

UNTER DEN SCHÖNSTEN STÜCKEN MEINER SAMMLUNG FINDEN SICH ZUM BEISPIEL:
LA QUIBERONNAISE
sardines
RÖDEL
PORTUGUESE SARDINES
"PINHAIS"
SARDINES
la molènaise
MINOR
SARDINES
SAINT-GEORGES
la belle-iloise
ORTIZ
RIZZOLI
ALICI
SALSA PICCANTE
ICH VERGASS ZU ERWÄHNEN, DASS SEDE MEINER DOSEN VON EINEM VON MIR INS LEBEN GERUFENEN KLUB VERKOSTET WIRD... WIR TREFFEN UNS EINMAL IM SAHR UND LABEN UNS AN DEN KONSERVEN MIT BEREITS LEICHT ABGELAUFENEM VERFALLSDATUM, DAZU GIBT'S EINE FLASCHE GUTEN ROTEN UND BAUERNBROT.
Also, welche machen wir für die letzte Runde auf?
DIE QUIBERONNAISE
RÖDEL
ODER DIE BELLE ILOISE (SAINT-GEORGES)
Natürlich
Ein Klassiker
ÜBRIGENS NUTZE ICH DIESE SENDUNG, UM AN DIE HERSTELLER DER SARDINENBÜCHSEN ZU APPELLIEREN, IHRE FIRMENLOGOS NICHT AUF DEN ZU ÖFFNENDEN TEIL DER BÜCHSE ZU DRUCKEN, DAS ZERREISST EINEM PUXISARDINOPHILEN, DER ETWAS AUF SICH HÄLT, NÄMLICH SEDES MAL DAS HERZ!
Neein
Diese portugiesischen Dosen bringen mich um!
Wie die Feldherrndose von 1998 in limitierter Auflage
TJA... WIE SOLL ICH'S AUSDRÜCKEN? MEINE LEIDENSCHAFT FÜR SARDINEN WIRD OFT ZUM GEGENSTAND VON BÜCHERN... ICH ERINNERE MICH, DASS SIE ERSTMALS ZU EINER ANSPIELUNG IN SONIA EZGULIANS IN DER EDITION DE L'EPURE ERSCHIENENEM WERK FÜHRTE, DAS SCHLICHT „SARDINEN" BETITELT WAR. DAS WERDE ICH NIE VERGESSEN, SONIA, FALLS DU ZUSIEHST.
arte
HEUTE BESITZE ICH UNGEFÄHR ACHTTAUSEND DOSEN, DAS IMAGINÄRE SARDINENMUSEUM MACHT MIR REGELMÄSSIG ANGEBOTE, ABER WISSEN SIE, DIE LEIDENSCHAFT... (GUT, UNTER UNS GESAGT: ES KOMMT AUF DIE HÖHE DES ANGEBOTS AN, HAHA!) KURZ...
DER COMIC, WISSEN SIE, IST
WARTEN SIE, MOMENT
DIE REGIE STOPPT. DANKE.
?
WISSEN SIE, WAS, WIR FANGEN NOCH MAL VON VORN AN, WIR REDEN VIEL MEHR ÜBER IHRE AUTOBIOGRAFIE... IHR VERHÄLTNIS ZUM ERFOLG, IHRE STUDIENSAHRE, KURZ: ÜBER IHRE KARRIERE.
HM... ICH KÖNNTE AUCH ÜBER SARDINEN REDEN
NEIN, DAS IST UNS SCH... GUT, EIN WORT NOCH
O.K., KAPIERT.
lon.

Für Große verboten

UND JETZT MÖCHTE ICH MICH EINMAL AN DIE JÜNGSTEN UNTER EUCH WENDEN. ICH KANN MIR SEHR GUT VORSTELLEN, DASS DAS THEMA KÜCHE EUCH NICHT IM GERINGSTEN INTERESSIERT...

NICHTS GEHT ÜBER EINE SCHÖNE BARBIE©

WAS GIBT'S BESSERES ALS EINE PLAYSTATION©?

DAS MUSS ABER NICHT HEISSEN, DASS ES EUCH NICHT BETRIFFT! ICH WAR AUCH MAL KIND!

UND WENN ICH ETWAS ~~BEKACKT~~ BESCHEUERT FAND...

... DANN WAREN DAS DIE ERWACHSENEN (JA, PAPA, MAMA UND SO), DIE IMMER EIN UNSCHLAGBARES ARGUMENT AUF LAGER HATTEN, WARUM ICH MEINEN TELLER LEER ESSEN ODER ETWAS ESSEN SOLLTE, DAS ICH ~~ZUM KOTZEN~~ NICHT SO SPANNEND FAND!

SPINAT ZUM BEISPIEL (JA, SO SIEHT DER AUS, BEVOR MAN IHN KOCHT)

ICH WUSSTE NIE, WAS ICH ANTWORTEN SOLLTE! ABER ICH BIN NETT UND WILL EUCH EIN PAAR JAHRE ERFAHRUNG SCHENKEN, WEIL JETZT, DAS KÖNNT IHR EUCH VORSTELLEN, WEISS ICH NATÜRLICH, WAS ICH ANTWORTEN WÜRDE. ABER DAS NÜTZT MIR JETZT ÜBERHAUPT NICHTS MEHR, ICH MAG SOWIESO ALLES UND ES GIBT NIEMANDEN MEHR, DER MIR SAGT, WAS ICH ESSEN SOLL.

HIER ALSO FÜR EUCH, KINDER...

10 ANTWORTEN WENN MAN DICH ZWINGEN WILL ETWAS ZU ESSEN

Alles Fundsachen

Das bleibt unter uns, Kinder!

War nicht leicht!

Für Große verboten

1 „Iss deine Suppe, das hilft beim Wachsen"

DAS IST EIN KLASSIKER, DIE BEHAUPTUNG ENTBEHRT ABER JEDER WISSENSCHAFTLICHEN GRUNDLAGE... ALLE LEUTE AUF DER WELT HÖREN EINES TAGES AUF ZU WACHSEN, MIT ODER OHNE SUPPE.

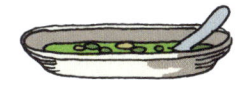

WENN IHR WIRKLICH WISSEN WOLLT, WELCHE LEBENSMITTEL EUCH BEIM WACHSEN HELFEN – ES SIND DIE PROTEINREICHEN (RINDERHACKSTEAK) UND DIE MIT VIEL KALZIUM, DESHALB KÖNNT IHR ANTWORTEN:

> Wenn ich wachsen soll...
> ... Vergiss Wasser und Gemüse, rück 'nen Milchshake raus!

2 „Du stehst nicht vom Tisch auf, bevor du nicht aufgegessen hast"

ALSO... UNTERSTELLEN WIR MAL, IHR ESST EUERN TELLER NIE LEER... WAS, GLAUBT IHR, WIRD PASSIEREN? BLEIBT IHR DEN REST EURES LEBENS AN DIESEM TISCH SITZEN? SICHER NICHT! EINES TAGES MÜSST IHR IN DIE SCHULE ODER SO ODER ES IST SCHLAFENSZEIT.

ANDERERSEITS, WENN IHR ZU LANGE WARTET, RISKIERT IHR EINE ANDERE, VIEL GRAUSAMERE STRAFE, NÄMLICH DASS EUCH DER TELLER BEI DER NÄCHSTEN MAHLZEIT NOCH MAL SERVIERT WIRD. NEIN, NEHMT LIEBER SO VIEL IHR KÖNNT IN DEN MUND UND SAGT IN ÜBERZEUGENDEM TON:

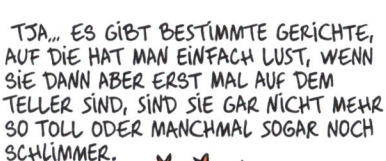

> Isch bbbbin ferdiiisss
> Isch geh Hoilette

3 „Iss auf, wo du dir schon so viel davon genommen hast"

TJA... ES GIBT BESTIMMTE GERICHTE, AUF DIE HAT MAN EINFACH LUST, WENN SIE DANN ABER ERST MAL AUF DEM TELLER SIND, SIND SIE GAR NICHT MEHR SO TOLL ODER MANCHMAL SOGAR NOCH SCHLIMMER.

GUT, DER FEHLER LIEGT BEI EUCH, DAS IST KLAR... ABER WER MACHT IHN NICHT AB UND ZU? MAN MUSS BEDENKEN, DASS FAST ALLE MENSCHEN, AUCH EURE ELTERN, FEHLER MACHEN UND EINE SCHWACHSTELLE HABEN. ZÖGERT NICHT, SIE BEI GELEGENHEIT MAL DARAUF HINZUWEISEN.

> Du kaufst dir doch auch manchmal Schuhe, obwohl du schon fünfzig Paar hast!

4 „Was glaubst du, wie lange ich dafür am Herd gestanden habe?!"

UND WEITER? IST DAS EIN GRUND, ES ZU MÖGEN? WENN IHR VIEL ZEIT DAMIT VERBRINGT, MIT IRGENDWAS ZU SPIELEN, IST DA DANN AUCH IMMER EIN ERWACHSENER, DER ES TOLL FINDET?

NEIN... HIER WIRD GERADE VERSUCHT, EUCH MORALISCH UNTER DRUCK ZU SETZEN. VEREINFACHT GESAGT: MAN WILL DAS GEFÜHL GEBEN, WENN IHR EIN GERICHT NICHT MÖGT, DANN MÖGT IHR AUCH DENJENIGEN NICHT, DER ES FÜR EUCH GEKOCHT HAT. SCHLAGT SIE MIT IHREN EIGENEN WAFFEN:

> Ich schätze deine Arbeit, Mama...
> Aber mir wäre es lieber gewesen, Zeit mit _dir_ zu verbringen
> Dir nicht?

Für Große verboten

5 „Was ist? Gemüse ist sehr gut!"

GUT, DAS IST NICHT FALSCH, ABER ES LIEGT DARAN, DASS MAN SICH ALS GROSSER EBEN MIT DINGEN ABGIBT, DIE MAN ALS KIND GEHASST HAT, WIE BEISPIELSWEISE WEIN, POLITIK ODER KRANKENSCHWESTERN (KURIOSERWEISE).

ES IST ALSO RELATIV, WAS GUT IST UND WAS NICHT. VERSUCHT, DIE DISKUSSION IN RICHTUNG GESCHMACKSFRAGEN ZU STEUERN (ACHTUNG, DAS IST SCHWIERIGER ALS EIN FRONTALANGRIFF!), UND NEHMT ALS SCHLUSSWORT DIESES ANBETUNGSWÜRDIGE ZITAT VON HARRY POTTER©, DEM GROSSEN ERBEN DER MITTELALTERLICHEN SCHOLASTIKER:

> *de gustibus et coloribus... ...non disputandum*

6 „Du gehst ohne Abendessen ins Bett"

OKAY,.. DER UMGANG MIT DIESER SACHE IST AM EINFACHSTEN, VORAUSGESETZT MAN WEISS, WAS MAN VORHAT. NATÜRLICH WOLLEN SIE EUCH DAMIT EINSCHÜCHTERN; MEIN RAT IST, IN KEINEM FALL KLEIN BEIZUGEBEN, WAS AUCH PASSIERT.

IM BESTEN FALL GEHEN EURE ELTERN VOR EUCH IN DIE KNIE UND NEHMEN DIE DROHUNG ZURÜCK... IM SCHLIMMSTEN FALL SCHICKEN SIE EUCH TATSÄCHLICH OHNE ESSEN INS BETT, ABER WENN IHR DIE GEWOHNHEIT HABT, GELEGENTLICH MAL EINE TAFEL SCHOKOLADE ODER BONBONS IN EUERM ZIMMER ZU VERSTECKEN, SOLLTE DAS WIRKLICH KEIN PROBLEM SEIN, ODER?

7 „Nachtisch kriegt nur, wer auch vom Käse gegessen hat"

HAHA! DAS KANN NUR EIN ERWACHSENER ERSTAUNLICH FINDEN, DASS EINEM EIN DESSERT LIEBER IST ALS LABBRIGER, SCHIMMELIGER KÄSE, DER RIECHT, ALS HÄTTE JEMAND GEFURZT.

ALLERDINGS GIBT ES EIN KOMPLIZIERTES, ABER MAGISCHES WORT, DAS EUCH ZIEMLICH SICHER DAVOR SCHÜTZT, WEITER KÄSE ANGEBOTEN ZU BEKOMMEN, UND EUCH VIELLEICHT SOGAR EIN EXTRASTÜCK KUCHEN SICHERT! MACHT EINEN ETWAS BEUNRUHIGTEN EINDRUCK UND SAGT:

> Ah ja, Käse... Neulich hat ein Freund welchen in der Schule gegessen.
>
> Er bekam Listeriose.

8 „Probiere, bevor du sagst, du magst es nicht"

DAS WAR DER LIEBLINGSSATZ MEINER MAMA, WENN SIE ENDIVIENSALAT ODER KUTTELN GEMACHT HATTE (DIE HIER UNTEN IN DER ZEICHNUNG ZU BESICHTIGEN SIND)

GUT... DIESER EINSTELLUNG IST SCHWER BEIZUKOMMEN, UND WENN ICH EUCH EINEN RAT GEBEN DARF, DANN WÄRE ES DER, EIN ABSURDES ARGUMENT AUF DEN TISCH ZU LEGEN. DER DADURCH ERZEUGTE ÜBERRASCHUNGSEFFEKT SORGT EVENTUELL DAFÜR, DASS SIE VERGESSEN, WELCHES ESSEN SIE EUCH AUFZWINGEN WOLLTEN, UND IHR KÖNNT DIE GELEGENHEIT NUTZEN, UM DAS THEMA ZU WECHSELN:

> Aha. Und wonach schmeckt Oma?
>
> Du sagst doch immer, du magst sie nicht.

Für Große verboten

9 „Denk an die kleinen Afrikaner, die gar nichts zu essen haben"

10 „Iss, bevor dich ein anderer isst"

DAS IST EINE ALTE TECHNIK, UM SCHULDGEFÜHLE IN EUCH ZU WECKEN, ETWAS UNGENAU IST SIE OBENDREIN, DENN ICH KANN EUCH VERSICHERN, DASS ES IN AFRIKA EINIGE GEGENDEN GIBT, WO MAN SOGAR AUSGESPROCHEN GUT ISST.

IHR KÖNNTET LOCKER ENTGEGNEN, DASS SIE VON GLÜCK REDEN KÖNNEN, WENN SIE DIE ÜBERBACKENEN RÜBEN NICHT IN SICH REINSCHAUFELN MÜSSEN, DIE VOR EURER NASE KALT WERDEN, ABER GESTEHT LIEBER EIN, DASS ES WIRKLICH NICHT SO TOLL IST, WENN MAN GAR NICHTS ZU ESSEN HAT. SCHLAGT EINE LÖSUNG VOR, MIT DER ALLEN GEHOLFEN IST:

DAMIT EINS KLAR IST: NIEMAND WIRD EUCH AUFFRESSEN (VIELLEICHT CHECKT IHR TROTZDEM KURZ, OB FÜR DIE NÄCHSTEN TAGE EIN ZOOBESUCH VORGESEHEN IST)

TROTZDEM... TUT SO, ALS WÜRDET IHR AUF DEN QUATSCH REINFALLEN, ALS GERIETET IHR IN PANIK (DIE GLEICHE ART PANIK, DIE EIN TELLER ROSENKOHL AUSLÖSEN KANN). ÜBERTREIBT, MACHT GANZ GROSSES THEATER:

> Können wir ihnen nicht meine Portion mit der Post schicken?
>
> Overnight nach Afrika kann doch nicht so teuer sein.

> Neeeein!! Ich will nicht gegessen werden!!
>
> Gnade! Neein!
>
> Ich hab Angst!
>
> Bitte nicht!!

Die guten Tipps von Pépé Roni: Nachäffen — n° 042

Verwechsle nie: »nachäffen« ... und »nachäffen«

WEIL SICH JEDER MAL IRREN KANN!

Nachäffen: Unter französischen Köchen gebräuchlicher Ausdruck für das Bestäuben von angebratenen Fleischstücken mit Mehl, um der Sauce mehr Bindung zu geben.

Oyster Cult

VOR EINIGEN MONATEN AN DER KÜSTE VON ARCACHON...

FRANCIS...
JA?
ICH HAB EINE GANZ UNGUTE VORAHNUNG.

Austern
ichliebeeuch
Ein Chanson von Julio Feinäsias

MANCHMAL SO ZÄRTLICH, BERÜHRT IHR DUFT MICH ...

ALLE, AUCH DICH, JA, SO ZÄRTLICH ...

MANCHMAL SO UNNACHGIEBIG, UND DAS VERLETZT MICH ...

ACH, DAS SCHMERZT MICH, SCHMERZT MICH EWIG ...

♫ AUSTERN ♫ ich liebe euch AUSTERN ♪ ich liebe euch

NIEMALS ÖFFNETE EINE SICH

GABT EUCH VERSCHLOSSEN GEGEN MICH, UND EMPFINDLICH ... SO EMPFINDLICH ...

MANCHMAL ANSCHMIEGSAM, GELEHNT AN MEINEN ARM ... OH JA ...

WIE ZAHM, SCHAU NUR WIE ZAHM ...

MANCHMAL SO ALLEIN, SEID IHR ZUM ANBEISS'N FEIN ... OH JA ...

Oyster Cult

SO ALLEIN ... ENDLICH MIT EUCH GANZ ALLEIN.

WIR SIND AM MEER, LIEBEN UNS SEHR

UND WOLLEN DOCH NOCH VIEL MEHR

MEINE SEHNSUCHT UND MEIN LEIDEN

AUSTERN, ICH LIEBE EUCH ... AUSTERN, ICH LIEBE EUCH!

MANCHMAL LASST IHR MICH ERBLASSEN

DESHALB MUSST ICH DIES VERFASSEN

ICH BEGEHR EUCH

wünsch mir mehr ♪ ♪ *Ooo Austern* ♪

DAS WAR JULIEN FINDECLERC FÜR DEN VERBAND DER AUSTERNZÜCHTER VON ARCACHON!

JA, JA, DIE AUSTERN WECKEN UNGEHEURE GELÜSTE.

DU WILLST DIESEN MIST DOCH WOHL NICHT WEITER ANGUCKEN ...

NEE, SCHON GUT. IS VORBEI.

105

EINMAL IM JAHR, ETWA UM DIE GLEICHE ZEIT, TREFFE ICH MICH MIT MEINEM FREUND FLORIAN ZUR SCHNÄPPCHENJAGD:
NEE, WEISST DU, ICH HAB KEINEN FERNSEHER…
WENN ICH IRGENDWO EINEN SEHE, GUCK ICH REIN
JA, JA
DAS BRINGT UNSEREN ZEITPLAN DURCHEINANDER
Flolo & Guigui
auf Schnäppchenjagd
WOOW! DIESE LEVI'S FÜR DIE HÄLFTE!
NEEEIN!
ZWEI BOXER ZUM PREIS VON EINEM!
MUSS ICH HABEN!
NEIN… DOCH.
MITTE JANUAR, WENN VON DEN FESTESSEN DES DEZEMBERS NUR NOCH EINE LEICHT BESCHÄMENDE ERINNERUNG ÜBRIG IST, STÖSST MAN IMMER WIEDER AUF UNGLAUBLICHE SONDERANGEBOTE
HUIII
DAS DA IST JA GESCHENKT!
NEHMEN
NICHT NACHDENKEN
-70%
WENN ES UM PRODUKTE GEHT, DIE WIR BESONDERS SCHÄTZEN…
WIE ZUM BEISPIEL AUSTERN.
ICH BIN DER AUS… WELTMEISTER
HÖR AUF. AUSTERN SIND 'NE ERNSTE SACHE
IM LAUF DER JAHRE HAT SICH DIESES SOWOHL AUS GESCHMACKS- ALS AUCH AUS ÖKONOMISCHEN GRÜNDEN VERANSTALTETE RITUAL IN EINE ART ORGIE VERWANDELT, DEREN TIEFEREN SINN MAN MIT „WER AM MEISTEN AUSTERN ISST, HAT GEWONNEN" BESCHREIBEN KÖNNTE
HAST DU DIE ZITRONEN?
JAU
DIE SCHALOTTEN?
JAU
DAS ROGGENBROT?
JAU
HAST DU DEN WEIN?
JAU
HABEN WIR SALAT?
NEIN, WIR DÜRFEN KEINE MAGENVERSTIMMUNG RISKIEREN
JA, HAST RECHT
MIT DER ZEIT SOLLTEN WIR UNS MAL EINEN SCHICKEN NAMEN FÜR DIESE ART ABEND AUSDENKEN…
IN DER TAT!
UND EIN PASSWORT
WARUM? WIR SIND DOCH NUR ZU ZWEIT?
MMH.
VIELLEICHT…
AAAH, PASS AUF!
VROOOOoooo
WARUM NICHT WAS ENGLISCHES WIE „OYSTER CULT PARTY"?
WIE „BLUE ÖYSTER CULT"
MH… ODER „MEGADEATH OYSTER"?
HMM… ICH MAG DAS MIT DER PARTY…
UND „OYSTER DEATH PARTY"?
JA, DAS WIRD DER NAME FÜR UNSEREN ABEND!
NICHT ZU TOPPEN
DIE oyster DEATH Party
EINE UNVERGLEICHLICHE VERANSTALTUNG, UNTERTEILT IN FÜNF PHASEN:
PASSWORT
DAS IST G…
PASSWORT
ÄH… HETRIU?
NEIN
ERTUIH?
NEEEIN
ERTIUH?
OKAY, KOMM REIN
1 DIE TRANCE DES AUSTERNÖFFNERS
VERSTEH DOCH, MEINE HÄNDE SIND HEILIG…
ALLEIN BIN ICH SOWIESO SCHNELLER…
… UND HAB NACHHER MEHR HUNGER.
2 DER SAUCENKOCH UNTER FEUER
ICH KÜMMER MICH UM DIE ZITRONEN!
GNNNF
(ICH VERSCHAFF MIR AUCH ORDENTLICH HUNGER)
SPRITTZ
MIT: (VORSICHT, KÜCHE!)
ZITRONENSAUCE
SCHALOTTEN-ESSIG-SAUCE
ROGGENBROTTOASTS MIT GESALZENER BUTTER

3 DIE UNHEILVOLLE TAFEL
OYSTER DEATH PARTY
Guillaume
Florian
LINIE RECHTS!
HEY, WER IST DER ZEICHNER?
WARUM IST MEIN FELD KLEINER?
PFFT
4 DAS GEBET AN DIE HEILIGE SONJA „BLACK WIDOW" THOMAS*
GIB MIR DIE KRAFT, LASS MICH NICHT AM TOAST SCHEITERN, BELÜFTE MEINEN GAUMEN UND DEHNE MEINEN MAGEN. DANKE.
DANKE
5 DIE REISE INS UNGEWISSE
ES KANN LOSGEHEN!
AUF DEIN WOHL, MEIN FREUND!
* 552 AUSTERN IN ZEHN MINUTEN, APRIL 2005
UNVORSTELLBAR, DASS ES LEUTE GIBT, DIE KEINE AUSTERN MÖGEN
JA, WEIL SIE SALZIG SIND UND AN ROTZ ERINNERN
SCHLÜRF
SCHLÜRF
DIESER LEICHTE HASELNUSSGESCHMACK HINTEN IM MUND
SCHÖN KAUEN
WEIHNACHTEN HABEN WIR AUSTERN MIT GÄNSELEBER PROBIERT: DU STELLST DEN BACKOFEN AUF „GRILL", LEGST EINEN STREIFEN GÄNSELEBER AUF DIE AUSTER, PFEFFERST UND BESTREUST SIE MIT SCHNITTLAUCH, UND HOPP, FÜNF MINUTEN IN DEN OFEN!
MHH...
DA KRIEGST DU JA HÖCHSTENS FÜNF RUNTER
STIMMT. ABER SIE SIND TOLL.
SCHLÜRF.
BEI WIE VIELEN SIND WIR?
SCHLÜRF
24 ZU 18, GLAUB ICH
SCHLÜRF
WIE STEHT'S? NOCH KEINE AUSSETZER?
NEIN.
SCHLÜRF
SCHLÜRF
SCHLÜRF. UND DU?
HAM JA GRADE ERST ANGEFANGEN
ES HEISST, WENN DU EIN MAL AN EINE AUSTER KOMMST, DIE NICHT GANZ FRISCH WAR, KANNST DU NIE WIEDER WELCHE ESSEN
SCHLÜRF
HÖR AUF!
IST JA EIN ALBTRAUM
ISST DU DEINE TOASTS NICHT? SCHLÜRF
NEE, ICH TRET MAL ETWAS KÜRZER.
ICH GLAUB, ICH FANG AN ZU HALLUZINIEREN
DAS IST DAS SOD
SCHLIMM
HAHAHA
HIHIHI KRKR
EPILOG: EINIGE MONATE VORHER, AN DER KÜSTE VON ARCACHON...
POUTPOUTPOUTPOUT
HÖRST DU DEN LÄRM, FRANCIS?
OH SCHEISSE, DER... DER...
DAS GROSSE SCHIFF DES VERDERBENS!
POUT POUT POUT
GROSSER GOTT, WIR SIND VERLOREN!
ADIEU FLAVIEN!
HAST DU GEHÖRT, DASS SIE EIN NEUES GRAUSAMES SPIEL ERFUNDEN HABEN, UM UNS EIN ENDE ZU MACHEN?
WAS?!
ES NENNT SICH OYSTER DEATH PARTY!
KEINE ÜBERLEBENDEN
OUT POUT POUT
OH ELEND!!
GIB, DASS ICH SCHON ZUM APERITIF ABTRETE, OH HERR!
lon.

HEUTE IST HEILIGABEND, ALSO MACHEN SIE SICH FEIN, OBWOHL DAS IM GRUNDE GAR NICHT SO IHRE SACHE IST (HEILIGABEND)
SCHRUBB SCHRUBB
PSHIT
UND WAS PASSIERT?
ALLES BEGINNT MIT EINEM ANRUF VON
MAMA
JA?
NEE, HEUT ABEND KANN ICH NICHT
JA, DU WEISST DOCH...
GENAU, DIE ARBEIT
ICH FAHR GLEICH IN DEN TUNNEL
AHA...
WAS?
EINE DÄNIN?
UND LACHS?
ICH
JA, MACH DAS, ICH KOMME
ABER JA
DAS GEHT KLAR
ICH FIND SCHON 'NE AUSREDE
DOCH
EINE DÄNIN (UND LACHS)... IN IHREM KOPF NEHMEN DEUTLICHE BILDER FORM AN...
HEILIGER HIMMEL, EINE DÄNIN
UND MAMA
WENN ES MIR GELINGT, MAMA ABZULENKEN...
WERD ICH MICH HEUT ABEND SCHÖN AMÜSIEREN!
MAMA IST EINFACH GENIAL
ØH, DER KLEINE IST JA GANZ NASS...
KØMM REIN, HAB KEINE ANGST
ICH HAB MAMA ENTSØRGT
GUTEN TAG, MADAME
ÄH...
HHM, BLUMEN... DAS IST JA SÜSS VØN DIR
ICH...
ICH BIN SÜSS?
SEHR!
UND DIE SÜSSEN HABEN EIN RECHT AUF BELØHNUNG, WEIL DÄNINNEN HABEN VIEL LUST, DANKBAR ZU SEIN, MØNSIEUR
HÄCH
JAAAAAA!!
MHH, EIN FRENCH DRAUFGÄNGER
ALS SIE ANKOMMEN, IST DIE STIMMUNG NICHT GANZ SO DÄNISCH
Wo ist sie?
IN MEINE ARME, GELIEBTER SOHN!
D... DIE DÄNIN, WO IST SIE?!
MEIN SOHN BESUCHT SEINE MUTTER!
WAS?
HACH, EIN GEMEINSAMER ABEND!
OOOH, BLUMEN!
MAL IM ERNST, IST SIE NICHT DA?
KOMMT SIE SPÄTER?
WER?
WEIHNACHTEN MIT MEINEM SOHN!
DIE DÄNIN? WO IST DIE VERDAM
WER?
DIE DÄNIN. DER LACHS.
AH!
DU WILLST MEINEN LACHS DÄNISCHER ART PROBIEREN?
ÄH... NEIN, ICH
EIN MISSVERSTÄNDNIS. SIE KÖNNTEN SICH WIEDER DORTHIN VERZIEHEN, WO SIE HERGEKOMMEN SIND, ABER DIE FALLE IST ZUGESCHNAPPT!

UND MAMA HAT SICH VORGENOMMEN, IHNEN IHR REZEPT ZU VERRATEN FÜR...
LACHS
DÄNISCHER ART
ES IST WIRKLICH GANZ EINFACH!
HAB'S BEIM SKI-LAUFEN IM INTER-NET GEFUNDEN
SOGAR FÜR DICH, WO DU GAR NICHT GERNE KOCHST
IN SO EINEM COOKIE ODER SO
KOMMT VIELLEICHT NOCH
PRO-BIER
NOTGEDRUNGEN
ALSO, DU BRAUCHST (WILLST DU PAPIER ZUM MITSCHREIBEN?)
FÜR VIER PERSONEN
QUARK
ZUCKER
KAPERN
DILL
EINE WEISSE ZWIEBEL
EINE ZITRONE
300 G RÄUCHERLACHS
SALZ UND PFEFFER
HIMBEER-ESSIG
VIER SCHEIBEN ROGGENBROT
SENF
1 DEN LACHS SCHNEIDEST DU, FALLS NÖTIG, IN DÜNNE SCHEIBEN, IN ETWA WIE CARPACCIO
DIE LEGST DU AUF EINEN SERVIERTELLER. DU GIBST DEN ZITRONENSAFT DRAUF, EIN WENIG PFEFFER UND ZWEI ZWEIGE DILL:
2 DEN TELLER BEDECKST DU MIT KLARSICHTFOLIE
GNII
HUUH
MISTKRAM
DANN STELLST DU IHN EINE NACHT ÜBER KALT... HÖRST DU MIR EIGENTLICH ZU?
ALSO: WO WAR ICH?
KALT
JA JA
HM?
CLIC
CLIC
CLIC
3 GUT... TAGS DARAUF SCHNEIDEST DU WEISSE ZWIEBELN (100 G), BESSER GESAGT, DU HACKST SIE KLEIN
DU RESERVIERST SIE FÜR SPÄTER (ABER NICHT WIE EIN ZUGTICKET), HAHAHA! ICH SOLLTE DIE IDEE DIESER KÜCHEN-SITE VORSCHLAGEN, KENNST DU DIE, DA MACHEN DIE JEDEN SONNTAG SO EINNEN UNFUG?
PÉPÉ RANOU
DER MIT DEM BACKENBART
DA
WO?
NEIN, DEN KENN ICH NICHT
CLIC
ACH DA. SIEHT ZIEM-LICH IDIOTISCH AUS.
4 DANN BEREITEST DU DIE SAUCE VOR: IN EINE HÜBSCHE SCHÜSSEL GIBST DU 2 TEELÖFFEL SENF, 4 TL ZUCKER, 2 TL KAPERN, 2 TL HIMBEERESSIG UND SCHLIESSLICH 50 G QUARK
MAMA
DU SALZT, PFEFFERST UND RÜHRST UM, BIS ES SCHÖN GLATT IST, DU GIBST DIE GEHACKTEN ZWIEBELN DAZU UND RÜHRST WIEDER UM.
5 VOR DEM ESSEN GRILLST DU DIE TOASTS
DANN SERVIERST DU DEN LACHS MIT DER SAUCE UND DEN TOASTS, UND DAS WAR'S!
MAMA
GUT, GELL?
HM...HM
SCHÖN, DASS DU WEIHNACHTEN BEI DEINER MUTTER BIST
HM
ABER DU KÖNN-TEST DIR AUCH MAL EIN MÄDCHEN SUCHEN, DAS
ICH HÖR DA ZU!
ZEIT WIRD'S ...
lon.

Ja, Manu? Ja, ich komm nach Paris, morgen. Ist das noch okay, dass ich...?
Cool. Ob ich was mitbringe?
Weiß nicht, Wein oder...
Oh, wart mal. Kennst du eine Heiße Schachtel?
Eine Heiße Schachtel
WAHRE GESCHICHTE
Was für ein Glück, dass es mich gibt!
Die heiße SCHACHTEL
Was? Du kennst nicht so viele Frauen in Paris?
Oh, warte
Nein nein
Eine Heiße Schachtel
Das ist doch Käse.
Jau
Pfeffer
Kartoffeln
Ein Mont-d'Or A.O.C.
Knoblauch
Eine Flasche Weißwein, so was wie Savagnin
SAVAGNIN
Der Mont d'Or ist mehr als ein einfacher Stinkekäse. Eine alte Legende besagt:
Und jetzt nennen Käsa?
Neeein
MONDOR!
Der Mont-d'Or ist eine Köstlichkeit für kleines Geld, vor allem, wenn man ihn im Franche-Comté kauft.
7€
7€
FAUCHON "Mont-d'or"
BADOZ le mont-d'or
Der Mont-d'Or, ein Rezept, das die Schweizer kopiert haben, aber auch nicht ganz genau.
ICH ERHITZE NICHT, ICH THERMISIERE!
LÄUFT DOCH KLASSE, ODRRR?
Den Mont-d'Or kann man auf viele verschiedene Arten essen, man kann auch mit ihm backen, aber mir ist er am liebsten aus dem Ofen, mit Kartoffeln und einem Salat.
1 Befeuchten Sie die Mont-d'Or-Schachtel ein paar Minuten in kaltem Wasser oder schlagen Sie sie in Alufolie ein...
Bringen Sie Wasser für die Kartoffeln zum Kochen und heizen Sie den Backofen auf 220 Grad vor.
2 Zerkleinern Sie eine Knoblauchzehe (oder zwei, wenn Sie einen Mont D'or in Familiengröße haben.)
Dann bohren Sie ein Loch von etwa 3 cm in die Mitte und gießen den Weißwein hinein
3 Piksen Sie den Käse mit einem Messer an, pflanzen Sie Ihre Knoblauchstückchen hinein, pfeffern Sie
Nun tun Sie alles in den Ofen, je nach Größe der Schachtel für 20 bis 30 Minuten
4 Kochen Sie die Kartoffeln, und wenn Sie sich seit Schritt 2 fragen, was Sie mit dem Käse aus dem Loch machen sollen, essen Sie ihn doch einfach auf einem Stück Brot!
Das ist wie der Anteil des Ecaillers bei den Austern
5 Sie können den Käse während der Kochzeit umrühren, damit er cremiger wird, und vor dem Servieren 2 Minuten unter den Grill stellen. Dazu gibt's die Kartoffeln und jede Menge gesunde Wurstwaren sowie den Weißwein, den Sie in Schritt 2 entkorkt haben!
ICH BRAUCH 'NE MISOSUPPE!
len.

24-STUNDEN-FOIE GRAS EXPRESS

DIE VORGÄNGE SPIELEN SICH ZWISCHEN 10 UHR MORGENS UND 11 UHR (AM FOLGETAG) EINEN TAG VOR WEIHNACHTEN AB. SIE WERDEN IN ECHTZEIT WIEDERGEGEBEN.

Foie gras mi-cuit mit grobem Salz

Foie gras mi-cuit mit grobem Salz

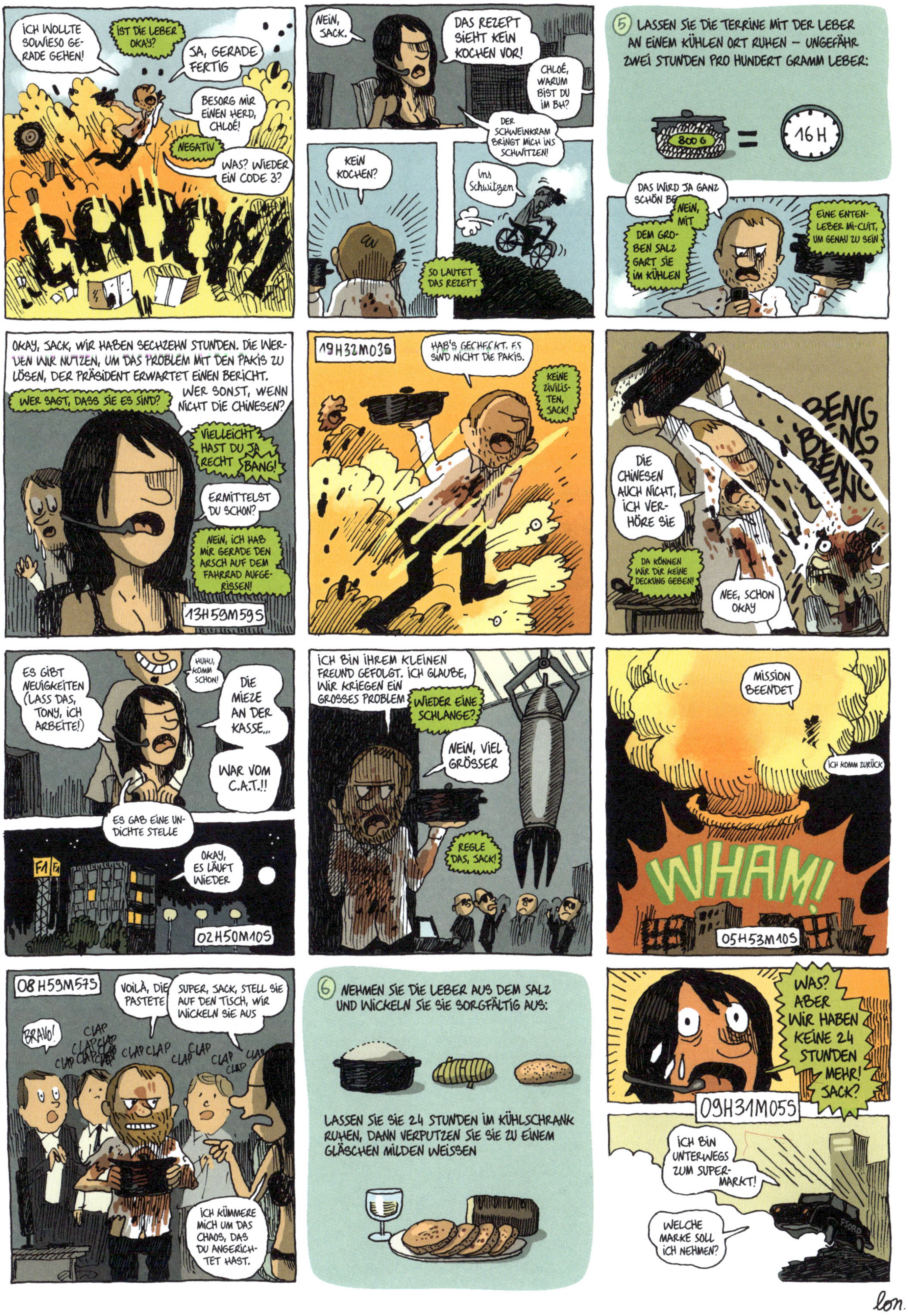

Überleben auf den Antillen

Überleben auf den Antillen

17. JULI 1893 Heute ist der 786ste Tag auf der Insel. Der Wundbrand ist weiter fortgeschritten und ich befürchte, ich werde eine neue Amputation ertragen müssen.

Ich glaube nicht, dass absehbar ein Schiff vorbeikommt, es ist Regenzeit und meine Hoffnung zerrinnt so schnell, wie man einen „Ti-Punch" runterspült.

Marie-Aimée, eine neue Krankenschwester, hat heute Morgen auf der Station angefangen. Sie macht immer sehr nett Konversation mit mir und erzählt mir viel über lokale Lebensmittel. Ich schreibe alles auf diese Liste, vielleicht findet sie eines Tages ein neugieriger Entdecker dieses schönen Landes.

MARIE-AIMEE

UNVOLLSTÄNDIGER FÜHRER DURCH DIE LEBENSMITTEL DER ANTILLEN FÜR MODERNE ABENTEURER (alphabetisch geordnet)

VON PROFESSOR ALEXIS HARLAINE 1831–?

Der Blaff
Eine Court-Bouillon auf Basis von Fischen oder Krebsen 

Der Bébélé
Seltsamer Name für dieses Gericht auf Basis von Kutteln und „ti-nain", das mehrere Stunden Vorbereitungs- und Kochzeit erfordert

Bois-Bandé
Baumrinde, die mit Rum serviert wird. Bei der Erwähnung der Wirkung des Holzes schien Marie-Aimée zu erröten

Boquite
Salziges Brötchen, verschieden gefüllt (wie das, was die jungen Türken in der Hauptstadt beiläufig „Kebab" nennen)

CALALOU
Ein Gericht, das zu Ostern serviert wird, hier mit Krebsfleisch, auf Basis von Madeirablättern (Calalou)

CHADEK
Gewaltige Zitrusfrucht, verwandt mit der Pampelmuse

CHAUDEAU
Dessert auf Basis von Milch, Eiern und Gewürzen, wird auf Festen serviert

CHATROU
Diese Wilden essen ihn als Frikassee! (Zeichnung vom Tintenfisch)

Überleben auf den Antillen

CHIQUETAILLE AUS STOCKFISCH
Entsalzter und gegrillter Stockfisch, gewürzt mit „Hundesauce"

CHRISTOPHINEN oder „Chayotten"
Eine Frucht, obwohl der Geschmack eher an Zucchini oder Gurke erinnert

Z.R.S.
Cocktail „Ti-Punsch", bestehend aus Zitrone, Rum und Zucker, ein Getränk für Männer, das die Moral der Polizeikräfte in der Hauptstadt stärken könnte, da bin ich sicher

Variante: Die Landung
Ohne Zitrone und ohne Zucker, die Eingeborenen trinken ihn vor der Feldarbeit

COLOMBO (vom Zicklein)
Typisches Gericht, seinen Namen hat es von dem Gewürz, das für die Zubereitung verwendet wird

COROSSOL
Gewaltige Frucht, obwohl ihr samtiges Fleisch nach gebratenem Kabeljau schmeckt

DOMBRÉS
Buletten aus Teig, werden zu einem typischen Gericht gereicht (Dombrés mit „Ouassous" (Anm.1) mit roten Bohnen und Crevetten)

DOUCELETTES:
Rechteckige Leckerei aus Kokosmilch, ich halte die Kinder von meinem Zimmer fern, indem ich sie ihnen so weit wie möglich entgegenwerfe. Das funktioniert genauso gut mit FLOUPS, einer Art Geleebonbons wie ALASKA

Ein GIRAUMON (Kürbis)

Ein GOMBOS (Gambas)
Gemüse aus der Familie der Gurken, wird im Salat gegessen, Achtung, KLEBRIG

Der LAMBI
Großes Schalentier, das als Frikassee gegessen wird (ein paar Wilde treten auf dem armen Geschöpf Gottes herum, um die Schale aufzubrechen)

oder auch **Quénettes**
Ha, denen mache ich Beine, den kleinen Schlingeln, sie sind verrückt nach saurer Frucht!

MADÈRE oder Taro
Knollen mit schwarzer, sehr rauer Haut, eine Art Maniok. Ich hab eine von ihnen mit Schnitzereien verziert, behalte sie und rede mit ihr wie mit einem Freund, ich habe sie „Jean-Pierre" genannt

MATÉTÉ oder Matoutou
Reis mit Krebsfleisch (köstlich)

FÉROCE
Zubereitung auf der Basis von Avocados, Maniokmehl, Stockfisch und Pfeffer

TOULOULOU
Köstlicher roter Landkrebs, der, wenn man sich ihm nähert, beim Weglaufen „Tululu" ruft

PISQUETTES
Kleine, in Zitronensaft und Knoblauch marinierte Fische, als Klößchen zubereitet

SOUSKAÏ
Gepfefferter Salat aus grünen Früchten (Mangos, Avocados...)

TI-NAINS
Seltsames Schimpfwort für Leute von eher kleiner Statur, das auch grüne Bananen bezeichnet, die wie Gemüse gegessen werden

Anm. 1: Ouassous (Krebse)

TOURMENTS D'Amour
Ein mit diversen Konfitüren gefüllter Kuchen: Kokos, Banane, Guave

EIN PAAR GESCHENK-IDEEN FÜR KÜCHENFREAKS

Oh! Eine Warmhalteplatte mit Spiritusbrenner

Ob man die auch als Suppenschüssel verwenden kann?

EINE KAFFEEMASCHINE VON BIALETTI: EIN PRODUKT, DAS SEHR LANGE HÄLT, SCHÖNER IST ALS EINE NESPRESSO-MASCHINE UND IM GEGENSATZ ZU DIESER AUCH NOCH GUTEN KAFFEE MACHT.

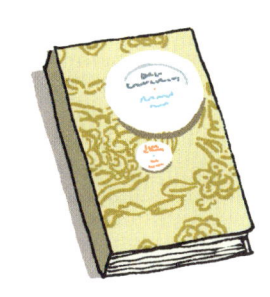

MINUSCULES EXTASE, VON D. GROZDANOVITCH, EDITIONS NIL: KLEINES TASCHENBUCH, DAS LUST AUFS ESSEN MACHT, VOLLER TOLL GESCHRIEBENER GESCHICHTEN.

EINE GLASGLOCKE: UM KUCHEN, TARTES ODER DIVERSE KÜRBISGEWÄCHSE AUFZUBEWAHREN.

RECUEIL DE LA CUISINE RÉGIONALE ITALIENNE, EDITION MINERVA: DAS BUCH BELEUCHTET DAS GANZE KULINARISCHE ITALIEN, ENTHÄLT TEILWEISE REZEPTE, DIE VIELLEICHT FÜNF LEUTE KENNEN ODER GANZ VERGESSEN SIND. DER ULTIMATIVE KÜCHENLESETIPP, AUCH WENN SIE DIE ITALIENISCHE KÜCHE GAR NICHT MÖGEN (PFF).

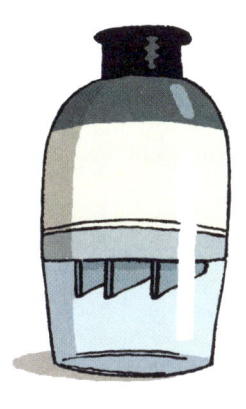

EIN HACKER, TYP SLAP CHOP©: GUT, ER HACKT DAS GEMÜSE EIN BISSCHEN „IRGENDWIE", ABER ER MACHT ES SCHNELL UND GIBT EINEM DAS GEFÜHL, MAN KÖNNE NOCH BEI „WER WIRD MILLIONÄR?" MITSPIELEN, WÄHREND MAN KOCHT.

EINE BENTO-BOX: SIND IN MODE, VON KAWAII UND MEIST HÜBSCH. MAN KANN EIN MITTAGESSEN DARIN ARRANGIEREN, ANSTATT SICH EIN SANDWICH MIT BUTTER UND SCHINKEN ZU MACHEN.

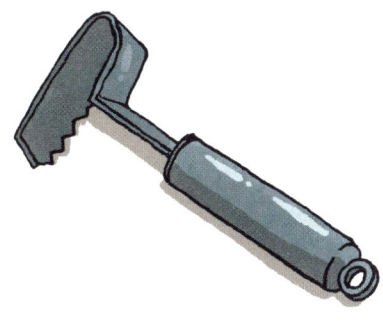

EIN AUSTERNÖFFNER: PRAKTISCH FÜR DEN FALL, DASS SIE VERGESSEN HABEN, DEN FISCHHÄNDLER ZU BITTEN, DIE DRECKSARBEIT ZU MACHEN, UND ER SICH WIEDER MAL GEHÜTET HAT, SIE DARAN ZU ERINNERN.

EINE WAAGE: SEHR NÜTZLICH IN JEDER KÜCHE, EIN LEBENSNOTWENDIGES GESCHENK.

Damit macht's einfach Spaß

Damit macht's einfach Spaß

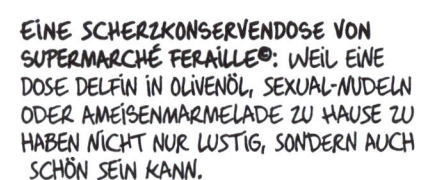

EINE SCHERZKONSERVENDOSE VON SUPERMARCHÉ FERAILLE®: WEIL EINE DOSE DELFIN IN OLIVENÖL, SEXUAL-NUDELN ODER AMEISENMARMELADE ZU HAUSE ZU HABEN NICHT NUR LUSTIG, SONDERN AUCH SCHÖN SEIN KANN.

EIN SCHNEIDEBRETT AUS GEHÄRTETEM GLAS: VIELFACH VERWENDBAR, MAN KANN DARAUF SCHNEIDEN (WIE SCHÖN!), MAN KANN WARME TELLER DARAUFSTELLEN, UND MANCHMAL IST ES EINFACH SCHÖN, WENN MAN ES AUF DEN TISCH STELLT.

EIN MÖRSER UND EIN STÖSSEL: AUS HOLZ ZUM BEISPIEL ODER AUS STEIN (DIE WERDEN LEIDER GERADE ZIEMLICH TEUER), SEHR NÜTZLICH, ABER AUCH NICHT UNVERZICHTBAR.

EINE REIBE VON MICROPLANE®: UM DIVERSE LEBENSMITTEL ZU SCHÄLEN ODER ZU REIBEN, AUCH DAUMEN, EIN GERÄT, AUF DAS ICH UNGERN VERZICHTEN WÜRDE.

EINE MUSKATMÜHLE: EIN GERÄT, DAS ICH NICHT ALLZU OFT, ABER MIT VERGNÜGEN BENUTZE. WENN ICH DAGEGEN AN DIE BESCHISSENEN KLEINEN REIBEN DENKE, DIE MAN IN DER TÜTE MIT DEN MUSKATNÜSSEN MITKAUFT...

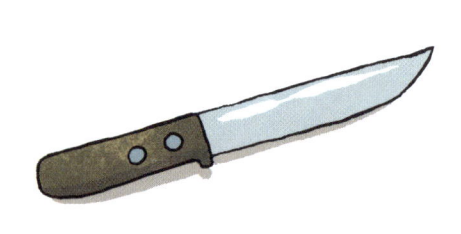

EIN MESSER, DAS SCHNEIDET: EIGENTLICH KLINGT ES BLÖD, ABER ES IST IMMER TOLL, EIN NAGELNEUES MESSER ZU BEKOMMEN, ANGESICHTS DER VIELEN, DIE IN DER SCHUBLADE DARAUF WARTEN, ENDLICH MAL WIEDER GESCHLIFFEN ZU WERDEN.

EINE GEWÜRZKUGEL: PRAKTISCH, WENN ES DARUM GEHT, KEIN LORBEERBLATT IN DER RATATOUILLE ZU VERLIEREN ODER KEINE NELKE IM EINTOPF, AUSSERDEM GIBT SIE EINE GUTE CLOWNSNASE AB (VORHER UND HINTERHER GUT WASCHEN).

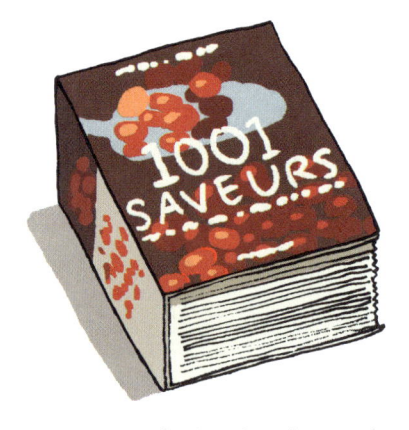

1001 FOODS – LIEBE AUF DEN ERSTEN BISS, EDITION OLMS: EIN ZIEMLICH DICKES WERK, MIT DEM MAN SCHNELL EINEN ÜBERBLICK DARÜBER BEKOMMT, WAS MAN SCHON GEGESSEN HAT UND WOVON MAN NOCH TRÄUMT. IDEALE TOILETTENLEKTÜRE, ZUM IMMER WIEDER LESEN.

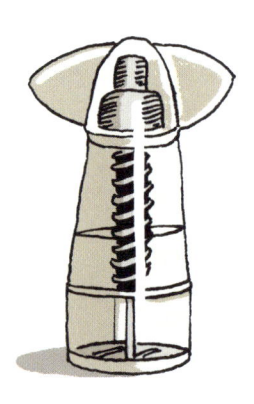

EINE KNOBLAUCHMÜHLE: WEIL SIE IMMER UNAUFFINDBAR IST UND MAN MIT IHR KNOBLAUCH, PARMESAN, SCHOKOLADE USW. SO SCHÖN IN KLEINSTE STÜCKCHEN MAHLEN KANN.

Damit macht's einfach Spaß

Ein Ananasschneider: Ich wollte es nicht glauben, aber er schält und schneidet eine Ananas ohne größere Verluste, es gibt also keine Entschuldigung mehr dafür, das matschige, süße Zeug in der Dose zu kaufen.

Ein Tajine-Topf: Lassen Sie die Finger von irgendwelchem dekorativen Nippes, nehmen Sie einen aus glasierter Terrakotta, kaufen Sie ihn (nach Möglichkeit) in einem arabischen Laden, die Dinger kosten nicht die Welt.

Ein Schmortopf von Staub®: Ein bisschen teurer, aber gut. Ihre Kinder werden ihn an ihre Kinder weitergeben, und er macht einfach Lust aufs Kochen, denn das klappt prima. Kurz: Er ist sein Geld wert.

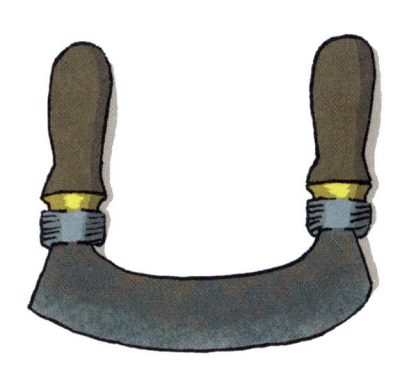

Eine Weinkaraffe: Zum Belüften, Dekantieren und Servieren. Ist schick und kostet nicht viel.

Ein Wiegemesser: Eine Kindheitserinnerung und das erste Objekt, das ich für meine eigene Küche gekauft habe. Ich benutze es selten, sehe es aber gern an der Wand hängen, da es Erinnerungen birgt.

Japanisch Kochen, E. Kazuko, Christian Verlag: Findet man garantiert irgendwo im Angebot, ideal, um sich mit der japanischen Küche und ihren Zutaten vertraut zu machen. Ich liebe dieses Buch und es hat mir schon viel geholfen.

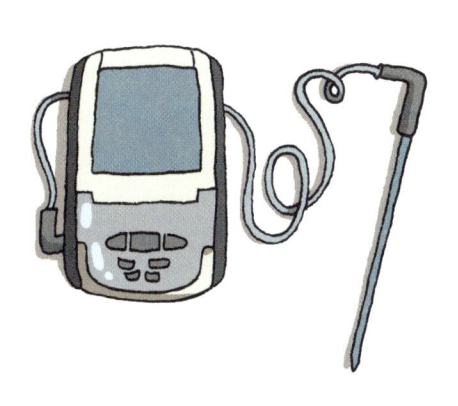

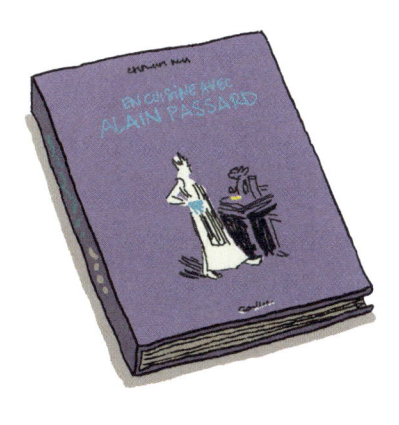

Ein Kochthermometer: Bevor ich es hatte, bin ich ganz gut ohne ausgekommen, aber seitdem ist Raclette das Einzige, für das ich es nicht benutze.

In der Küche mit Alain Passard, Reprodukt: Hinter den Kulissen eines großen Kochs, gezeichnet von Christophe Blain... Einer meiner Lieblingscomics des Jahres 2011.

Ein Sortiment Ölsardinen von La Belle-Iloise: Für erfahrene Puxisardinophile oder einfach, weil sie bester Qualität sind, und das zu einem fairen Preis.

Damit macht's einfach Spaß

EINE KUPFERKASSEROLLE: EINFACH PRAKTISCH ZUM KOCHEN, DA SICH DIE HITZE IDEAL VERTEILT, AUSSERDEM SIND SIE SCHÖN.

EIN ENTKERNER VON DE BUYER: IM GEGENSATZ ZU DEN KLASSISCHEN ENTKERNERN HAT ER EINEN KLEINEN HERAUSNEHMBAREN HAKEN, SO DASS MAN DAS LEBENSMITTEL NICHT GANZ DURCHSCHNEIDET, SONDERN DORT ANSETZEN KANN, WO MAN MÖCHTE (GENAU, WIE ES SEIN SOLL).

HIDDEN ANIMAL TEETASSEN, IMM LIVING: TOLLE IDEE MIT DEN TIEREN IN DEN PORZELLANTASSEN UND SEHR SCHÖN REALISIERT.

RECETTES DES TROIS SOEURS POUR JEUNES FAUCHÉS GOURMANDS, EDITIONS ALTERNATIVES: ICH LIEBE DIESES KLEINE BUCH, VIELE SCHÖNE FOTOS UND MIT HÜBSCHEN ERLÄUTERNDEN ZEICHNUNGEN.

EINE GOZUTHÉ-TEEDOSE VON LA BOÎTE À THÉ: WEIL MAN EINE DOSE SCHLIESSLICH IMMER BRAUCHEN KANN, UND WEIL SIE VON NANCY PEÑA UND MIR PERSÖNLICH ILLUSTRIERT IST.

EINEN APFELSCHÄLER: HAB ICH IMMER FÜR SCHNICKSCHNACK GEHALTEN, BIS ICH SELBER EINEN HATTE. FUNKTIONIERT SEHR GUT, VORAUSGESETZT DIE ÄPFEL SIND GLEICH GROSS.

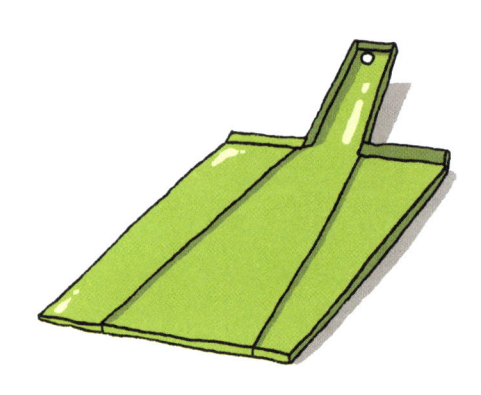

EIN FALTBARES SCHNEIDEBRETT: ZIEMLICH HÄSSLICH, ABER UNGEMEIN PRAKTISCH, WENN ES DARUM GEHT, BRATENSAFT ZURÜCKZUHALTEN ODER KLEIN GESCHNITTENE LEBENSMITTEL IN EIN BEHÄLTNIS ZU BEFÖRDERN, OHNE SIE ÜBERALL ZU VERTEILEN.

SAUCENKÄNNCHEN LILY BIRD VON ALESSI: EIN ZIEMLICH TEURES, ABSOLUT ENTZÜCKENDES UND ÜBERFLÜSSIGES PRODUKT, ALSO GUT, UM AUF DEM TISCH EIN BISSCHEN AUFZUSCHNEIDEN.

EIERÖFFNER: WEIL MAN SICH LANGE GENUG ZUM AFFEN GEMACHT HAT BEIM VERSUCH, EIN GEKOCHTES EI MIT DEM LÖFFEL ZU KÖPFEN, UND JAHRELANG DIE KLEINEN EIERSCHALENBRÖCKCHEN ÜBERALL AUF DEM TELLER HATTE, BIS ZU DEM TAG, AN DEM MAN SICH DIESES GERÄT KAUFT.

Lon.

Büro zur Kontrolle der Carbonara
Mitgliedskarte
Name Berthier
Vorname Jean - Kévin
Geburtsdatum 3 février 1991
Unterschrift
Mitglied N° 1238 456 8421
CARBONARA*ALEA*PASTA*EST*B.C.

Rezepte

Vorspeisen

Brot mit Brocciu und schwarzem Pfeffer 58
Carpaccio von Tomate und Roter Bete mit Ricotta 53
Foie gras mi-cuit mit grobem Salz 111
Getrocknete Entenleber mit Gewürzen 83
Kirschen, in Essig eingelegt 55
Lachstatar mit schwarzem Rettich 90
Pesto alla Genovese 45
Räucherlachs auf dänische Art 109

Hauptgerichte

Erbsen und Karotten mit geräuchertem Speck 17
Forelle aus dem Ofen mit gebräuntem Fenchel 43
Gebratene Schwarzwurzeln mit Petersilie 21
Heiße Schachtel mit Pellkartoffeln 110
Mandelkaninchen in Biersauce 19
Nudeln mit gebratenen Auberginen und Reblochonsauce 7
Nudeln Carbonara à la Jean-Kevin 76
Perlhuhn auf dem Sofa 74
Reis mit Spinat und Speck 20
Risotto mit Butternutkürbis und Gorgonzola 84
Risotto mit Spargelspitzen und Parmesan 14
Seeteufelmedaillons mit Sahnelauch 51
Spaghetti alla Carbonara 81
Spaghettikürbisgratin mit dem Laserschwert 72
Spinat mit Butter und Crème fraîche 18

Desserts

Claufoutis mit Kirschen 54

Index

A
AMAP, **16**, **18**, **52**
Antillen (Gastronomie), **115-116**
Aubergine, 7
Austern, **104-107**

B
Basilikum, **45**
Beaufort, 24
Biberschwanz*, 15
Bier, **19**, 27, 32, **61-67**, 93
Brocciu, **58-59**
Brot, 58-59, 72, **74**, **106**, 109
Burger King, 31-39

C
Charles de Gaulle*, 59
Chewbacca, 91
Coca-Cola, 33, 62
Crème fraîche, **18**, **51**
Crevetten, 27, 28, 29
Courge spaghetti, **71-72**
Crevette, 27, 28, 29

D-E
Dill, 109
Ei, 54-55, **56-57**, 77, 79, **81**
Einsteiger/Einschneiden*, 22
Endivie, **19**, 102
Ente, mumifiziert, **83**
Erbsen, 17

F
Fenchel, **43-44**
Fisch, 27, 29, 32, 36, 38, **43-44**, **50-51**, 89-**90**, 109
Foie gras, **111-113**
Forelle, **43-44**
Fräsen*, 49

G
Geschenk, **117-120**
Gorgonzola, 72, **84-85**
Guanciale, **81**

H-I-J
Honig, 19
IBU, **67**
Jabba, der Kürbis, 71-72

K
Kaffee, 4, 44, 91, **97**, 117
Kaninchen, **19**
Kapern, 109
Karotten, **17**, 27
Kartoffel, 27, **110**
Kirschen, **54-55**
Kittkatt, **13**
Knoblauch, 7, 18, **45**, 79, **81**, 110, 118
Kühlschrank, 43, 79
Kürbis, Butternut-, **84-85**
Kürbis, Jabba der, 71-72
Kürbis, Spaghetti-, **71-72**

L
Lachs, 27, 29, 36, 38, 89-**90**, 109
Laserschwert, **72**
Lego, 65

M

Mandeln, **19**
Mandoline*, 60
Mönchskopf*, 68
Mont-d´Or, **110**
Mullbinde, **83**, 112
Muskatnuss, 72, 118

N

Nachäffen*, 103
Nudeln, **7**, **76-82**
Nüsse, 84-85

O-P

Pancetta, 79, **81**
Parmesan, 14, 17, 19, 76, 79,
Parmesan, **15**, 21, **45**, 81
Pecorino, **45**, 81
Perlhuhn, **74-75**
Pesto, 45
Petersilie, glatt, **21**
Piano*, 94
Pinienkerne, **45**
Porree, Lauch, **51**
Puxisardinophilie, **98-99**

Q

Quark, 109

R

Reblochon, **7**
Reduzieren*, 40
Reis, **20**, 51
Rentier, 38
Restaurant, 25, 29, 30, 32, 34-36, 38
Rettich, schwarz, 89, **90**

Ricotta, **53**
Risotto, **14-15**, **85**
Rollmops, 27, 38
Rosmarin, 43, 112
Rote Bete, **52-53**

S

Sahne, **21**, 27, 72, 77, 79, 82
Salbei, 19, 43, 112
Salz, grob, aus der Ewigkeit, **83**, 112
Sardinen, 38, **98-99**, 119
Schachtel, heiße, **110**
Schalotten, 51, 74, 84-85, **106**
Schnittlauch, 27, 53
Schwarzwurzel, **21**
Schweden (Gastronomie), **27-29**, **32**, **34**, **38**
Seeteufel, **50-51**
Sojasauce, 90
Spargel, **14**
Speck, 17, 19, **20**, 74, 76, 78
Spinat, **18**, 20, 100
Spinne*, 86

T

Tête-de-moine*, 68
Thymian, 43, 74
Tomate, **53**

U-Z

Zitrone, 51, **106**, 109
Zwiebel, 14, 17, 19, 76, 79, 84-85, 109

* Die guten Tipps von Pépé Roni

Danke

Zuerst sind da die Leser meines Blogs sowie die des ersten Bandes und die Buchhändler, die meine Arbeit unterstützen. Sie machen mir Lust aufs Weitermachen.

Dann Nicolas, Olivier, Caroline, Muriel, Sandrine und Thierry bei Gallimard, sozusagen eine kleine Familie, mit der es sich supergenial arbeiten lässt.
Das ist eine ganze Menge.

Die Mannschaft von LeMonde.fr kümmert sich immer noch gut um mich, und das geht schon eine ganze Weile so.

Beim Kolik förlag sind sie tolle Gastgeber. Josefin und Fabian sind charmant und Kristiina werd ich nie vergessen. Régis und Jean-Yves haben mich fast zu einem echten Bierfreund gemacht. Catherine kann gut fotografieren, aber sie schreibt wie ein Teenager. Floriana ist natürlich Italienerin. Arlène kennt die Antillen wie ihre Westentasche und spricht ohne Akzent. Florian weiß, wie man eine Auster aufbekommt, und nicht nur das. Florian (der andere) unterstützt meine Arbeit in unschätzbarer Weise, und zwar ziemlich oft. Céline ist dabei, um in Momenten der Panik für Gelassenheit zu sorgen. Meine Eltern sind sowieso toll.

Auf dem Blog haben talentierte Autoren großzügig unveröffentlichte Geschichten abgeliefert: Anne Montel und Loic Clément, Daniel Blancou, Dorothée de Monfreid, Frederik Peeters, Gally, Gilles Rochier, Guillaume Plantevin, Greg Shaw, Hervé Bourhis, Lison Bernet, Leslie Plée, Louis-Bertrand Devaud, Martin Vidberg, Mathias Martin, Nancy Peña, Pochep, Terreur Graphique, Thibaut Soulcié, Un et deux.

Ich hoffe, Ihr kocht mittlerweile alle guten Kaffee, die Knoblauchmühle ist immer noch unauffindbar.

Danke

EIN PAAR IDEEN zum guten Abschneiden

Warum uns zermatschen…

… wenn man uns auch klein schneiden kann?

EIN PAAR IDEEN

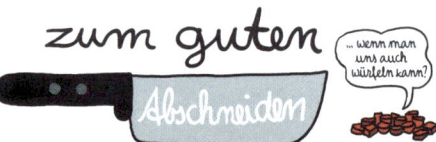

Warum uns erschlagen... — *zum guten Abschneiden* — *...wenn man uns auch würfeln kann?*

Zucchini
- COUSCOUS
- RATATOUILLE
- SALAT
- PÜREE, SUPPE

Chicorée
- SALAT
- BACKOFEN
- APERO
- PFANNE

Fenchel
- PÜREE
- SALAT
- BACKOFEN

Bohnen
- PFANNE
- SALAT, KOCHEN, PFANNE
- RISOTTO, MINESTRONE

Mairäbchen, Pastinaken
- POT AU FEU, TAJINE
- PÜREE

Zwiebel
- FÜLLUNG, PFANNE
- GEWÜRZNELKEN
- BARBECUE, EINTOPF
- SALAT, PFANNE
- ZUM AROMATISIEREN

Erbsen
- PÜREE, SUPPE
- FÜR JEDEN ZWECK

Paprika
- BACKOFEN, FÜLLUNG
- SALAT
- RATATOUILLE, SCHMORTOPF

Lauch
- PFANNE
- POT AU FEU
- RISOTTO

Kartoffeln
- PFANNE, SCHMORTOPF
- FRITTIEREN (EINMAL)
- EINFRIEREN
- SUPPE, PÜREE
- CHIPS
- KARTOFFELPUFFER

Hokkaido kürbis
- TAJINE, RISOTTO
- BACKOFEN
- SUPPE, PÜREE

Schwarzer Rettich
- SALAT, CHIPS
- POT AU FEU
- LECKERSÜPPCHEN
- TATARE, SUSHI

Salat
- SALAT

Schwarzwurzeln
- PÜREE
- BACKOFEN, PFANNE

Tomaten
- PROVENÇALE, FÜLLUNG
- MINESTRONE
- SALAT, SAUCE
- PÜREE, GAZPACHO

Topinambur
- CHIPS
- SALAT, CARPACCIO
- PFANNE, KOCHEN
- PÜREE

Verwendete Piktogramme: Gemüsemesser · Demi-Chef-Messer · Mit der Hand · Sparschäler · Gemüseschäler · Reibe · Zauberstab